A ÚLTIMA GRANDE LIÇÃO

MITCH ALBOM

A ÚLTIMA GRANDE LIÇÃO

Título original: *Tuesdays with Morrie*

Copyright © 1997 por Mitch Albom
Copyright da tradução © 1998, 2018 por GMT Editores Ltda.

Todos os direitos reservados. Nenhuma parte deste livro pode ser reproduzida sob quaisquer meios existentes sem autorização por escrito dos editores.

tradução: José J. Veiga e Beatriz Medina
preparo de originais: Regina da Veiga Pereira
revisão: Hermínia Totti, Joana Faro, Masé Sant'Anna, Sérgio Bellinello Soares e Tereza da Rocha
projeto gráfico e diagramação: Valéria Teixeira
capa: Victor Burton e Anderson Junqueira
imagem de capa: Stefanie Amm / EyeEm / Getty Images
impressão e acabamento: Bartira Gráfica

CIP-BRASIL. CATALOGAÇÃO NA PUBLICAÇÃO
SINDICATO NACIONAL DOS EDITORES DE LIVROS, RJ

A295u Albom, Mitch, 1958

A última grande lição/ Mitch Albom; tradução de José J. Veiga e Beatriz Medina; Rio de Janeiro: Sextante, 2018.
160p.; 14 x 21cm

Tradução de: Tuesdays with Morrie
ISBN 978-85-431-0614-4

1. Albom, Mitch – Narrativas pessoais. 2. Esclerose lateral amiotrófica – Pacientes – Biografia. I. Veiga, José J. II. Título.

18-47414	CDD: 926.16839
	CDU: 929:616-004

Todos os direitos reservados, no Brasil, por
GMT Editores Ltda.
Rua Voluntários da Pátria, 45 – Gr. 1.404 – Botafogo
22270-000 – Rio de Janeiro – RJ
Tel.: (21) 2538-4100 – Fax: (21) 2286-9244
E-mail: atendimento@sextante.com.br
www.sextante.com.br

*Este livro é dedicado
a meu irmão, Peter,
a pessoa mais corajosa
que conheço.*

Sumário

Prefácio	9
O currículo	15
O programa	17
O aluno	24
O audiovisual	27
A orientação	32
Sala de aula	36
A frequência	42
A primeira terça-feira Falamos sobre o mundo	47
A segunda terça-feira Falamos de autocomiseração	52
A terceira terça-feira Falamos de remorso	57
O audiovisual, segunda parte	62
O professor	65
A quarta terça-feira Falamos de morte	70
A quinta terça-feira Falamos de família	77

A sexta terça-feira
    Falamos de emoções   84

O professor, segunda parte   90

A sétima terça-feira
    Falamos do medo de envelhecer   95

A oitava terça-feira
    Falamos de dinheiro   101

A nona terça-feira
    Falamos da permanência do amor   106

A décima terça-feira
    Falamos de casamento   114

A décima primeira terça-feira
    Falamos de nossa cultura   122

O audiovisual, terceira parte   128

A décima segunda terça-feira
    Falamos de perdão   131

A décima terceira terça-feira
    Falamos do conceito de dia perfeito   136

A décima quarta terça-feira
    A despedida   143

Formatura   148

Conclusão   150

Posfácio   153

Agradecimentos   159

Prefácio

Caro leitor,

Este livro mudou a minha vida e, a julgar pelo que os leitores de todo o mundo têm me passado, a de outras pessoas também. Por onde devo começar?

Talvez por um episódio que deixei fora do original. Não era minha intenção, mas, por algum motivo, não o incluí. Pois aqui está, depois de todos esses anos.

Quando pela primeira vez eu liguei para meu antigo professor Morrie Schwartz – a essa altura, já nas garras da esclerose lateral amiotrófica (ELA) –, senti necessidade de me reapresentar. Afinal, haviam se passado 16 anos desde a última vez que nos faláramos. Talvez ele nem se lembrasse do meu nome. Na faculdade, eu costumava chamá-lo de "Treinador". Sabe Deus por quê. Coisas do esporte, sabe como é, já naquela época. *Oi, Treinador. Como vai, Treinador?*

Seja como for, quando o ouvi dizer "Alô" naquele dia ao telefone eu engoli em seco e disse:

– Morrie, meu nome é Mitch Albom. Fui seu aluno na década de 1970. Não sei se você se lembra de mim.

E a primeira coisa que ele disse foi:

– E por que não me chamou logo de Treinador?

Minha jornada começou com essa frase. Ela esteve comigo naquele telefonema, esteve comigo na minha primeira visita carregada de culpa a West Newton e em todas as terças-feiras que se seguiram, durante o lento declínio e agonia de Morrie e em sua morte silenciosa e digna. Ela esteve comigo em seu enterro, em meu luto particular, em meu porão enquanto escrevia as páginas que você está lendo, na pequena edição inicial deste livro e nas inesperadas 200 edições que se seguiram. Ela esteve ao meu lado por todo o país, em muitos outros países, ao ver este livro sendo adotado em escolas e lido em casamentos e funerais. Ela me acompanhou em milhares e milhares de cartas, e-mails, abraços emocionados e comentários de pessoas desconhecidas, que podem ser todos resumidos da mesma forma: sua história me comoveu.

Mas não era a minha história.

Era a história de Morrie, o convite de Morrie. A última aula de Morrie. Eu era seu convidado. *E por que não me chamou logo de Treinador?*

Eu esqueci. Ele lembrou.

Essa era a diferença entre nós.

Morrie me mudou desse jeito. Agora me lembro de tudo. E poderia não lembrar? Todos os dias da minha vida alguém me pergunta pelo meu antigo professor. Eu costumo brincar dizendo que este livro é a sua vingança por eu tê-lo ignorado durante tantos anos. Agora sou seu aluno eterno, aquele que retorna sempre, todo outono, primavera e verão, para a mesma aula.

Tudo bem. Eu sempre achei que Morrie tinha algo a ensinar. Achava isso há 30 anos, quando ele usava costeletas e blusa de gola rulê amarela e mexia freneticamente as mãos na frente da turma, e continuei achando anos depois, quando a terrível doença já o deixara frágil e inerte numa poltrona em sua casa, a voz sussurrada e o corpo tão fraco que eu precisava virar sua cabeça para ele poder me ver.

E ele, como sempre, sábio e carinhoso. Ele realmente cumpriu seu antigo desejo de ser professor até o fim.

Para prová-lo, quando comecei a pensar neste prefácio voltei aos registros das nossas conversas. Eu havia transcrito todas as fitas e as organizara por temas. Em minhas divagações ao som da voz de Morrie, eu me perguntava se toparia com alguma coisa que soasse diferente, algo a dizer que desse um novo sentido a tudo o que aconteceu.

E dei com este tema: vida após a morte.

Ora, Morrie fora agnóstico durante muitos anos, como ele próprio admitia. Mas depois de seu diagnóstico de ELA, começou a repensar. Mergulhou em ensinamentos religiosos.

Numa terça-feira de agosto de 1995, segundo meus registros, nós falamos sobre esse assunto. Morrie me disse que no passado havia acreditado que a morte era fria e definitiva.

— A gente vai para debaixo da terra e se acabou.

Mas depois ele passou a pensar diferente.

— Qual é a sua ideia agora? — perguntei.

— Ainda não me fixei em nenhuma... — ele disse, sincero como sempre. — Mas o Universo é demasiado harmônico, grandioso e avassalador para se acreditar que é tudo obra do acaso.

Que coisa para ser dita por um ex-agnóstico! *O Universo é demasiado harmônico, grandioso e avassalador para se acreditar que é tudo obra do acaso.* Isso, é bom lembrar, foi quando o corpo de Morrie já era uma casca oca, quando ele já precisava ser lavado e vestido, quando já precisava que lhe assoassem o nariz e lhe limpassem o traseiro. *Harmônico? Grandioso?* Se ele, naquela situação terrível, naquele depauperamento, conseguia enxergar a majestade do mundo, por que haveria de ser difícil para nós?

Muita gente me pergunta qual a característica de Morrie de que sinto mais falta. Eu sinto falta daquela crença na humanidade. Sinto falta daqueles olhos que conseguiam ver a vida de modo tão positivo. E sinto falta da sua risada. Sério. No mesmo dia em que me falou de vida após a morte, Morrie confessou sua vontade de reencarnar, dizendo que, se pudesse voltar como outra coisa, gostaria de ser uma gazela. Ao reler as transcrições, notei que fiz uma graça depois do que ele disse:

– A boa notícia é que você estaria reencarnado – eu disse. – A má notícia é que você estaria vivendo em algum deserto.

Ele disse:

– Correto.

E caiu na gargalhada.

Nós ríamos um bocado com essas coisas. Talvez seja difícil de acreditar, mas, mesmo com a morte esperando na esquina, nós ríamos. Ninguém gostava de rir mais do que Morrie. Ninguém ria durante tanto tempo com piadinhas infames. É verdade, havia dias em que ele se arrebentava de rir com qualquer bobagem que eu dissesse.

De modo que sinto falta disso. E de sua paciência. E de suas alusões acadêmicas. E de sua paixão por comida. E de como ele fechava os olhos para escutar música.

Mas aquilo de que eu mais sinto falta, por mais simples e egoísta que possa parecer, são os olhos de Morrie piscando quando eu entrava no quarto. É que, quando uma pessoa fica feliz – genuinamente feliz – por vê-lo, você se derrete. É como chegar em casa. Naquelas terças em que eu entrava em seu escritório, qualquer coisa que eu estivesse trazendo comigo – problemas pessoais, assuntos de trabalho, pensamentos opressivos – se dissipava quando as orelhas dele se erguiam e sua boca abria aquele sorriso engraçado de dentes tortos e soltava uma saudação. Outras pessoas me relataram que se sentiam da mesma forma quando estavam com Morrie. Quem sabe a sua devastadora doença, ao privá-lo de distrações e apagar a preocupação com as coisas do cotidiano, lhe permitia estar "totalmente presente"? Ou quem sabe ele apenas valorizava mais o próprio tempo? Não sei.

O que sei é que aquelas terças que passamos juntos eram como o longo abraço de um homem que já não podia mover os braços. Sinto falta delas mais que tudo.

Desde que este livro foi publicado, inúmeras vezes me perguntaram se eu imaginava que ele seria lido por tanta gente. Minha resposta é, geralmente, um aceno de cabeça, um sorriso e um "Nem em um milhão de anos". A verdade é que foi um bocado difícil conseguir quem o publicasse – várias editoras nem sequer manifestaram interesse na minha ideia; um editor chegou a me dizer que eu não fazia a menor ideia do que era um livro de memórias. Em outras circunstâncias, eu teria desistido da ideia.

A razão de eu não ter desistido – e a razão pela qual eu creio que o livro bateu no coração das pessoas – é que eu não estava tentando escrever um livro popular. Estava tentando ajudar Morrie a pagar as despesas do seu tratamento. Isso tornou a minha obstinação mais forte que qualquer poder de dissuasão. Continuei tentando, até achar uma editora. E quando disse a Morrie que tinha conseguido – e que as contas seriam pagas –, ele chorou.

Costumo dizer que aquilo foi, para mim, o fim de *A última grande lição*, apesar de eu mal ter começado a escrevê-lo. Eu havia feito o que queria: um pequeno ato de bondade em retribuição aos incontáveis que ele me dedicara no passado. Mas a jornada, na verdade, estava só começando.

Desde então, o livro foi publicado em dezenas de países onde eu nunca estive e traduzido para muitas línguas que não domino. Foi adaptado para um filme de TV e o grande Jack Lemmon me disse que Morrie era o seu papel favorito. Uma adaptação para o teatro foi encenada com grande sucesso. O livro foi adotado em escolas, universidades, capelas mortuárias, hospitais, igrejas, sinagogas, grupos de leitura e instituições de caridade.

Não consigo exprimir com palavras a minha humilde satisfação com tudo isso e o orgulho que sinto ao ver a suave sabedoria de Morrie se assentando como flocos de neve nas ruas de todo o mundo. Diante disso, não posso senão concordar com a sua máxima: o Universo é harmônico e grandioso demais para se acreditar que é tudo obra do acaso.

Espero, portanto, que este livro ajude a abrir os olhos das pessoas para a ELA até que a ciência descubra como curá-la. Espero que ele continue lembrando às pessoas quão precioso é o tempo que dedicamos ao outro. Espero, também, que ele celebre sempre os professores, nosso mais valioso recurso. E espero que Morrie esteja dançando onde quer que esteja agora. Porque ele merece poder dançar outra vez.

Quando lhe pedi, naquele dia, que me descrevesse o cenário perfeito para a sua vida após a morte, foi este o que ele escolheu:

– Que minha consciência permaneça... Que eu seja parte do Universo.

Penso nas pessoas que já leram este livro, e nas que ainda o farão, e creio, com imensa gratidão, que o desejo de Morrie se realizou.

Mitch Albom

O currículo

As últimas aulas da vida do meu velho professor foram dadas uma vez por semana na casa dele, ao pé de uma janela do estúdio de onde ele podia olhar um hibisco pequenino lançar suas flores róseas. As aulas eram às terças-feiras, depois do café da manhã. O assunto era o sentido da vida. A lição era tirada da experiência.

Não havia notas, mas havia exames orais toda semana. O professor fazia perguntas, e o aluno também podia perguntar. O aluno devia praticar atividades físicas de vez em quando, tais como colocar a cabeça do professor em posição confortável no travesseiro ou ajeitar os óculos dele no cavalete do nariz. Beijar o professor antes de sair contava ponto.

Não havia compêndios, mas muitos tópicos eram debatidos – amor, trabalho, comunidade, família, envelhecimento, perdão e, finalmente, morte. A última palestra foi breve, só algumas palavras. Em vez de colação de grau, um enterro.

Mesmo não havendo exame final, o aluno devia apresentar um trabalho extenso sobre o que ele aprendera. Esse trabalho é apresentado aqui.

O derradeiro curso da vida do meu velho professor só teve um aluno. Que sou eu.

Uma tarde quente e úmida de sábado, no fim da primavera

de 1979. Centenas de alunos sentados lado a lado em cadeiras de dobrar, no gramado maior do campus. Usamos becas de náilon azul. Escutamos impacientes os discursos compridos. Acabada a cerimônia, jogamos nossos chapéus para o alto e somos oficialmente declarados graduados, os alunos do último ano de faculdade da Universidade Brandeis, sediada em Waltham, Massachusetts. Para muitos de nós, baixava-se a cortina da infância.

A seguir encontro Morrie Schwartz, meu professor predileto, e o apresento a meus pais. Morrie é baixinho e caminha a passos curtos, como se um vento forte pudesse levá-lo para as nuvens a qualquer momento. Com a beca para o dia de formatura, ele parece uma mistura de profeta bíblico e elfo natalino. Tem olhos azul-esverdeados brilhantes, cabelo prateado ralo caído na testa, orelhas grandes, nariz triangular e espessas sobrancelhas acinzentadas. Apesar dos dentes superiores tortos e dos inferiores inclinados para dentro – como se ele tivesse levado um soco na boca –, o sorriso é sempre o de quem acabou de ouvir a primeira piada contada no mundo.

Diz a meus pais que eu fiz todos os cursos ministrados por ele e que sou "um garoto especial". Encabulado, baixo os olhos para os pés. Antes de nos separarmos, entrego a meu professor um presente, uma pasta castanha com as iniciais dele, que eu havia comprado no dia anterior. Eu não queria esquecê-lo. Ou talvez não quisesse que ele me esquecesse.

– Mitch, você é dos bons – diz ele admirando a pasta. Depois me abraça. Sinto os braços magros me envolvendo. Sou mais alto do que ele e, quando me abraça, sinto-me canhestro, mais velho, como se eu fosse o pai e ele, o filho.

Pergunta se vou manter contato. Sem hesitar, respondo que sim.

Quando ele me solta, vejo que está chorando.

O programa

A sentença de morte dele foi dada no verão de 1994. Mas agora tudo indica que Morrie já sabia bem antes que alguma coisa ruim estava para acontecer. Ficou sabendo no dia em que parou de dançar.

Meu velho professor sempre fora dançarino. Não importava a música. Rock and roll, jazz, blues. Apreciava de tudo. Fechava os olhos e, com um sorriso beatífico, começava a se mexer no seu próprio ritmo. Nem sempre era bonito de se ver. Mas também ele não se preocupava com o par. Morrie dançava sozinho.

Ia a uma igreja de Harvard Square toda noite de quarta-feira, porque lá havia o que chamavam de "Dança Grátis". Entre luzes piscantes e som alto, Morrie se movimentava na multidão quase toda de estudantes, usando uma camiseta branca, calça preta de malha e uma toalha no pescoço. Qualquer música que tocassem era a música que ele dançava. Dançava o *lindy* no compasso de Jimi Hendrix. Contorcia-se e rodava, agitava os braços como regente sob efeito de anfetaminas, até o suor escorrer pelo meio das costas. Ninguém ali sabia que ele era um famoso doutor em Sociologia, com longa experiência e muitos livros importantes publicados. Pensavam que fosse um velhote excêntrico. Uma vez ele levou uma fita de tango e pediu que a tocassem. Depois, tomou o comando da pista, correndo para lá e para cá como um ardente amante latino. Quando acabou, todos aplaudiram. Ele podia ter permanecido para sempre vivendo aquele momento.

De repente, a dança terminou.

Depois dos 60 anos, ele começou a ter asma. A respiração ficou difícil. Um dia, passeando pela margem do rio Charles, um sopro de vento frio deixou-o com falta de ar. Levado às pressas para o hospital, deram-lhe adrenalina injetável.

Anos depois, Morrie começou a ter dificuldade de andar. Numa festa de aniversário de um amigo, ele cambaleou inexplicavelmente. Outra noite, caiu ao descer os degraus de um teatro, assustando um grupo grande de pessoas.

– Afastem-se, ele precisa de ar! – gritou alguém.

Nessa altura, ele tinha mais de 70 anos, por isso atribuíram o acidente à velhice e o ajudaram a se levantar. Mas Morrie, que sempre estava em contato com o seu organismo mais do que estamos com o nosso, sabia que alguma coisa se desarrumara nele. Não era só problema de idade. Sentia-se sempre cansado. Não dormia bem. Sonhava que estava morrendo.

Passou a consultar médicos. Muitos médicos. Examinaram-lhe o sangue. A urina. Enfiaram-lhe uma sonda pelo ânus e examinaram os intestinos. Finalmente, nada descobrindo, um médico pediu uma biópsia de músculo. Para isso extraíram um pedacinho da batata da perna dele. O laudo do laboratório indicava a possibilidade de algum problema neurológico, e Morrie foi internado para mais uma série de exames. Num desses exames, sentaram-no numa cadeira especial e o submeteram a uma corrente elétrica – espécie de cadeira elétrica – e estudaram as reações neurológicas.

– Precisamos ir mais fundo nisso – disseram os médicos diante dos resultados.

– Por quê? – perguntou Morrie. – Do que se trata?

– Não sabemos ao certo. Os seus ritmos estão lentos.

Ritmos lentos? O que significava isso?

Finalmente, num dia quente e úmido de agosto de 1994, Morrie e a esposa, Charlotte, foram ao consultório do neurologista, que os convidou a se sentarem antes de ouvirem o diagnóstico: esclerose lateral amiotrófica (ELA), a doença de Lou Gehrig,[1] enfermidade implacável, e ainda incurável, do sistema nervoso.

– Como a contraí? – perguntou Morrie.

Ninguém sabia.

– É terminal?

Era.

– Quer dizer que vou morrer?

O médico confirmou, e disse que lamentava muito.

Passou quase duas horas com Morrie e Charlotte, respondendo pacientemente às perguntas que eles faziam. Deu-lhes informações e folhetos sobre a doença como se eles estivessem querendo abrir uma conta em banco. Na rua o sol brilhava, gente andava apressada de um lado para outro. Uma senhora corria para introduzir dinheiro no parquímetro. Outra carregava compras. Pela cabeça de Charlotte passavam milhões de pensamentos. *Quanto tempo nos resta? Como o administraremos? Como pagaremos as contas?*

Entretanto, o meu velho professor estava admirado da normalidade do dia em torno dele. *O mundo não deveria parar? Ignoram eles o que me aconteceu?*

O mundo não parou, e, quando Morrie quis abrir a porta do carro, sentiu-se como caindo num buraco. E essa agora?, pensou.

Enquanto ele buscava respostas, a doença avançava dia a dia, semana a semana. Certa manhã, ao dar marcha a ré no carro

---

[1] Henry Louis Gehrig (1903-1941), astro do beisebol americano, em quem a doença foi primeiro identificada. (N. do T.)

para sair da garagem, não teve força para acionar a embreagem. Terminava aí a sua vida de motorista.

Para não cair, comprou uma bengala. Assim terminou o seu tempo de andar livremente.

Nadava regularmente no clube, mas descobriu que não conseguia mais se despir. Assim, contratou o seu primeiro ajudante pessoal, um estudante de Teologia chamado Tony, que o auxiliava a entrar e sair da piscina, a vestir e tirar o calção. No vestiário, os outros nadadores fingiam não olhar, mas olhavam. Aí terminava a sua privacidade.

No outono de 1994, ele foi ao campus da Brandeis dar o seu derradeiro curso. Não precisava fazer isso, a universidade teria compreendido. Por que sofrer diante de tanta gente? Ficasse em casa. Pusesse a vida em ordem. Mas a ideia de desistir não ocorreu a Morrie.

Assim, ele entrou claudicante na sala de aula, onde estivera por mais de trinta anos. Apoiado na bengala, levou tempo para chegar à cadeira. Finalmente sentou-se, deixou cair os óculos e olhou para os rostos jovens, que o fitavam silenciosamente.

– Meus amigos, imagino que estejam aqui para a aula de Psicologia Social. Venho ministrando este curso há muitos anos, e esta é a primeira vez que posso falar do risco que existe em segui-lo, porque estou sofrendo de uma doença fatal. Posso morrer antes de terminado o semestre. Se acharem que isso é um problema, podem desistir do curso; eu compreenderei.

Morrie sorriu.

E assim terminava o seu segredo.

A ELA é como vela acesa: derrete os nervos e deixa o corpo como uma estalagmite de cera. Geralmente começa nas pernas e vai subindo.

A pessoa perde o comando dos músculos das coxas e não aguenta ficar de pé. Perde o comando dos músculos do tronco e não consegue sentar-se ereta. No fim, se continua viva, respira por um tubo introduzido num orifício aberto na garganta; e a alma, perfeitamente alerta, fica aprisionada numa casca inerte, podendo talvez piscar, estalar a língua, como coisa de filme de ficção científica – a pessoa congelada no próprio corpo. Isso não dura mais de cinco anos, contados do dia em que se manifesta a doença.

Os médicos deram a Morrie mais dois anos.

Ele sabia que seria menos.

Mas o meu velho professor havia tomado uma decisão importante, na qual começara a pensar no dia em que saiu do consultório do médico com uma espada sobre a cabeça. *Vou me entregar e sumir, ou aproveitar da melhor maneira o tempo que me resta?* – indagou a si mesmo.

Não ia se entregar. Não ia se envergonhar de sua morte decretada.

Decidiu que faria da morte o seu derradeiro projeto, o ponto central de seus dias. Já que todos vão morrer um dia, ele poderia ser de grande valia. Podia ser um campo de pesquisa. Um compêndio humano. *Estudem-me em meu lento e paciente processo de extinção. Observem o que acontece comigo. Aprendam comigo.*

Morrie ia atravessar a ponte entre a vida e a morte e narrar a travessia.

O semestre do outono passou rápido. A quantidade de comprimidos aumentou. O tratamento tornou-se rotina. Morrie recebia enfermeiras em casa para lhe exercitarem as pernas flácidas, manterem os músculos em atividade, dobrarem as pernas para trás repetidamente, como se bombeassem água de uma cisterna. Massagistas o visitavam uma vez por semana para aliviar o constante entorpecimento que ele sentia. Recebia professores de meditação, fechava os olhos e estreitava o campo do pensamento até reduzir o mundo ao simples inalar e exalar, inspirar e expirar.

Um dia, apoiado na bengala, ele tropeçou no meio-fio e caiu na rua. A bengala foi substituída por um andador. Logo a ida ao banheiro ficou muito cansativa, e ele passou a urinar num caneco grande. Para fazer isso, precisava ficar em pé, o que significava que alguém tinha de segurar o caneco para ele.

A maioria das pessoas ficaria encabulada com isso, principalmente na idade de Morrie. Mas ele não era como a maioria. Quando um de seus colegas mais íntimos o visitava, ele dizia: "Olhe, preciso urinar. Você não se importa de me ajudar?"

Para sua própria surpresa, eles não se importavam.

Ele recebia uma procissão cada vez maior de visitas. Formou grupos de debate sobre a morte, sobre o que significa o medo de morrer que as sociedades sempre tiveram, apesar de não compreenderem bem a morte. Disse aos amigos que, se quisessem mesmo ajudá-lo, não o tratassem com pena, mas com visitas, telefonemas, dividissem com ele os seus problemas, como sempre tinham feito, porque Morrie sempre fora um bom ouvinte.

Apesar de tudo por que passava, a voz de Morrie era forte e estimulante, e sua mente trepidava com um milhão de pensamentos. Estava empenhado em mostrar que a palavra "morrente" não é sinônimo de "inútil".

O Ano-Novo veio e se foi. Mesmo sabendo que aquele seria o último ano de sua vida, Morrie não disse isso a ninguém. Já precisava de uma cadeira de rodas, e lutava contra o tempo para conseguir dizer às pessoas que amava tudo o que tinha para lhes dizer. Quando um colega da Brandeis morreu subitamente de enfarte, Morrie voltou deprimido do enterro.

– Que pena Irv não ter ouvido aquelas homenagens todas – disse.

Pensando nisso, teve uma ideia. Deu uns telefonemas, escolheu uma data. E numa tarde fria de domingo reuniu a família e um grupo pequeno – a mulher, os dois filhos e alguns de seus amigos mais íntimos – em sua casa para um "funeral ao vivo". Um a um, todos homenagearam o meu velho professor. Uns choraram. Outros riram. Uma senhora leu um poema:

Meu querido, meu amado primo...
Seu coração atemporal
enquanto você segue tempo afora,
uma camada sobre outra,
delicada sequoia...

Morrie chorou e riu com eles. Tudo aquilo que sentimos bem no íntimo e nunca dizemos às pessoas que amamos foi dito por Morrie naquele dia. O "funeral ao vivo" foi um sucesso.

Só que Morrie ainda não tinha morrido.

Aliás, a parte mais extraordinária de sua vida estava por vir.

O aluno

Neste ponto, preciso explicar o que me aconteceu desde aquele dia de verão, quando abracei pela última vez o meu querido e sábio professor e prometi manter contato com ele.

Não cumpri a promessa.

Aliás, perdi contato com a maioria das pessoas que conheci na faculdade, inclusive meus amigos de cervejadas e a primeira mulher ao lado da qual acordei de manhã. Os anos após a formatura me endureceram e fizeram de mim uma pessoa bem diferente do formando gaguejante que deixou o campus naquele dia e embarcou para a cidade de Nova York, pronto para oferecer o seu talento ao mundo.

O mundo, descobri, não estava tão interessado assim. Durante os meus primeiros anos da casa dos 20 vivi pagando aluguel, lendo classificados e indagando por que os sinais não ficavam verdes para mim. O meu sonho era ser músico famoso (eu tocava piano), mas depois de anos em boates escuras e vazias, de promessas não cumpridas, bandas que se desfaziam e produtores que se entusiasmavam por todo mundo menos por mim, o sonho deteriorou. Pela primeira vez na vida eu fracassava.

Ao mesmo tempo, tive o meu primeiro encontro sério com a morte. Meu tio preferido, irmão de minha mãe, o tio que me ensinou música, me ensinou a dirigir carro, que me provocava a respeito de namoradas, que jogava bola comigo – o único adulto que elegi quando criança e disse a mim mesmo que quando crescesse queria ser como ele –, morreu de câncer no pâncreas aos 44 anos. Era de baixa estatura, bonito, de bigode espesso. Passei com ele o último ano de sua vida, morando num apartamento vizinho. Assisti ao definhamento de seu corpo robusto, ao inchaço, ao sofrimento dele noite após noite debruçado à mesa de jantar, comprimindo o estômago, os olhos fechados, a boca contorcida pela dor. "Ah, Deus!", gemia ele, "Ah, Jesus!". Nós – minha tia, os dois filhos dele e eu – ali calados, retirando os pratos, evitando olhar uns para os outros.

Nunca me senti tão desorientado na vida.

Uma noite, em maio, eu e meu tio ficamos sentados na varanda do seu apartamento. Soprava uma brisa e fazia calor. Ele olhou o horizonte e disse entre os dentes que não veria a passagem de ano dos filhos na escola. Perguntou se eu poderia tomar conta deles. Pedi-lhe que não falasse assim. Ele me lançou um longo olhar triste.

Semanas depois ele morreu.

Depois do enterro, minha vida mudou. De repente, o tempo ficou precioso para mim, água escorrendo de uma torneira aberta e eu não podendo me mexer com a rapidez necessária. Chega de tocar música em boates quase vazias. Chega de compor música que ninguém quer ouvir. Voltei a estudar. Formei-me em Jornalismo e peguei o primeiro emprego que me foi oferecido – redator de esportes. Agora, em vez de correr atrás de minha fama, eu escrevia sobre atletas famosos que corriam atrás da deles. Trabalhei para jornais e como freelancer para revistas. Trabalhava num pique que desconhecia horários e limites. Acordava de manhã, escovava os dentes, sentava-me à máquina com a roupa de dormir. Meu tio tinha trabalhado para uma empresa e detestado fazer a mesma coisa todos os dias, e decidi que não ia acabar como ele.

Fiquei pulando de Nova York para a Flórida, e acabei num emprego em Detroit, colunista do *Detroit Free Press*. O apetite da cidade por esportes era insaciável – tinham equipes profissionais de futebol americano, basquete, beisebol e hóquei –, o que convinha a meus planos. Em poucos anos, eu não apenas escrevia colunas mas também livros sobre esportes, fazia programas de rádio, aparecia regularmente na televisão, opinava sobre ricos jogadores do nosso futebol e sobre a hipocrisia dos programas de esporte universitário. Passei a fazer parte da tempestade de jornalismo esportivo que agora encharca o país. Eu era muito solicitado.

Deixei de ser inquilino e comecei a ser proprietário. Comprei uma casa numa colina. Comprei carros. Investi em ações, formei uma carteira. Tudo que eu fazia era de olho no relógio. Praticava exercícios físicos como louco. Dirigia a alta velocidade. Ganhava muito dinheiro. Conheci uma moça de cabelos negros chamada Janine, que conseguiu me amar apesar do meu pique de trabalho e de minhas frequentes ausências. Casamos depois de sete anos de namoro, e uma semana depois voltei ao trabalho. Disse a ela – e a mim mesmo – que um dia começaríamos a formar uma família, o que ela queria demais. Porém esse dia nunca chegou.

Em vez de família, eu enchia os dias com o trabalho, porque achava que assim podia comandar as coisas, podia sempre acrescentar mais uma dose de felicidade antes de adoecer e morrer, como meu tio, destino esse que eu considerava natural para mim.

E Morrie? Bem, de vez em quando eu pensava nele, no que ele me ensinara quanto a "ser humano" e me "relacionar com os outros", mas era sempre uma lembrança distante, de outra vida. Durante anos joguei fora toda correspondência que me vinha da Universidade Brandeis, imaginando que fossem pedidos de dinheiro. Assim, não fiquei sabendo da doença de Morrie. As pessoas que podiam ter me avisado estavam esquecidas havia muito tempo, os telefones delas, perdidos em alguma caixa recolhida ao sótão.

Poderia ter continuado assim, não fosse a casualidade de, no fim de uma noite, eu estar zapeando os canais de televisão e ouvir alguma coisa que prendeu minha atenção...

O audiovisual

Em março de 1995, uma limusine em que ia Ted Koppel, o apresentador do programa *Nightline*, da ABC-TV, parou no meio-fio coberto de neve em frente à casa de Morrie em West Newton, Massachusetts.

Morrie já vivia na cadeira de rodas o tempo todo e estava se habituando a ser tirado dela para a cama e levado da cama para ela, como se fosse um saco de batatas. Ele agora tossia quando comia, e mastigar era um sacrifício. As pernas já estavam mortas, ele nunca mais poderia caminhar.

Mas se recusava a cair em depressão, e fez de si uma usina de ideias. Anotava seus pensamentos em um bloco de papel amarelo, em envelopes, cartolina, pedaços de papel. Escrevia curtas frases filosóficas sobre o que significa viver à sombra da morte, coisas assim: "Aceitar o que se é capaz de fazer e também o que não se é capaz"; "Aceitar o passado como passado, sem negá-lo nem descartá-lo"; "Aprender a perdoar a si mesmo e aos outros"; "Nunca pense que é tarde para se envolver". Depois de algum tempo, ele já tinha mais de cinquenta desses "aforismos", que passava aos amigos. Um desses, um professor da Brandeis chamado Maurie Stein ficou tão impressionado com esses pensamentos que os mandou para um repórter do *Boston Globe* que visitou Morrie e escreveu uma longa matéria sobre ele. O título dizia assim:

O CURSO FINAL DE UM PROFESSOR: A SUA MORTE

O artigo chamou a atenção de um produtor do programa *Nightline*, que o levou a Koppel, em Washington.
– Dê uma olhada nisto – disse.
Não demorou e uma equipe de filmagem estava na sala de Morrie, e a limusine de Koppel, na frente da casa.
Muitos amigos e parentes de Morrie estavam lá para conhecer Koppel e, quando o famoso homem da televisão chegou, o grupo vibrou de curiosidade – menos Morrie, que se aproximou na cadeira de rodas, ergueu as sobrancelhas e disse, em sua voz alta e cantante:
– Ted, preciso dar uma conferida em você antes de concordar com a entrevista.
Depois de um momento de silêncio embaraçoso, os dois foram conduzidos ao estúdio de Morrie. A porta foi fechada.
– Tomara que Ted não perca a paciência com Morrie – disse um dos amigos.
– Tomara que Morrie não perca a paciência com Ted – disse outro.
Lá no estúdio, Morrie fez sinal a Koppel para sentar-se. Depois, cruzou as mãos no colo e sorriu.
– Fale-me de algo que lhe toque o coração – pediu Morrie.
– Meu coração?
Koppel fitou o velho à sua frente.
– Muito bem – disse, cautelosamente, e falou de seus filhos. Todos lhe tocavam o coração.
– Ótimo – disse Morrie. – Agora me fale de sua crença.
Koppel sentiu-se embaraçado.
– Não costumo falar dessas coisas com pessoas que acabei de conhecer.
– Ted, estou morrendo. Meu tempo aqui é muito curto – disse Morrie, fazendo Koppel rir.

– Está bem. Crença – e citou uma passagem que muito o tocara.

Morrie concordou inclinando a cabeça.

– Agora permita que lhe pergunte uma coisa – disse Koppel. – Já viu o meu programa alguma vez?

– Umas duas vezes – disse Morrie, dando de ombros.

– Duas vezes? Só?

– Não se ofenda. Só vi *Oprah* uma vez.

– Muito bem. Nas duas vezes que viu o meu programa, o que achou?

Morris pensou.

– Posso ser franco?

– Claro.

– Achei você um narcisista.

Koppel soltou uma gargalhada.

– Ora, sou feio demais pra ser narcisista.

Logo as câmeras estavam prontas na frente da lareira da sala de estar, Koppel de terno azul bem passado e Morrie de suéter cinzento felpudo. Ele se recusara a usar roupas elegantes e não quis que o maquiassem para a entrevista. Sua filosofia era que a morte não deve ser cerimoniosa. Ele não ia empoar o nariz dela.

Por estar na cadeira de rodas, Morrie teve as pernas murchas poupadas pelas câmeras. E, como ele ainda podia movimentar as mãos – sempre falava gesticulando –, soltou a emoção ao explicar como se enfrenta o fim da vida.

– Quando isso tudo começou, Ted – disse ele –, perguntei-me se ia me retirar do mundo, como faz a maioria das pessoas, ou continuar vivendo. Decidi que continuaria vivendo, ou pelo menos tentaria, do jeito que quero, com dignidade, coragem, bom humor, compostura. Em certas manhãs, choro, choro, e lamento por mim. Em outras, sinto-me muito irritado e revoltado. Mas isso não dura. Depois me levanto e digo que quero viver... Até agora tenho conseguido. Conseguirei continuar? Isso não sei. Mas aposto que vou conseguir.

Koppel parecia bastante impressionado com Morrie. Perguntou sobre a humildade que vem quando se enfrenta a morte.

– Bem, Fred – disse Morrie, e imediatamente corrigiu: – Perdão, Ted...

Koppel riu com gosto.

– Isso é o que eu chamo de induzir a humildade.

Os dois falaram do depois da morte. Falaram da crescente dependência de Morrie. Ele já precisava que o ajudassem a comer, sentar-se e ir de um lugar para outro. Koppel perguntou o que Morrie mais temia quanto àquela degeneração lenta e implacável.

Morrie refletiu. Perguntou se podia dizer uma certa coisa na televisão. Koppel sinalizou que sim.

Morrie olhou bem nos olhos do mais famoso entrevistador dos Estados Unidos.

– Olhe, Ted, muito em breve alguém vai ter que limpar minha bunda.

O programa foi ao ar numa noite de sexta-feira. Abria com Ted Koppel sentado à sua mesa em Washington, falando com sua voz clara e convincente.

– Quem é Morrie Schwartz e por que, quando a noite acabar, muitos de vocês vão se interessar por ele?

A 1.500 quilômetros de distância, em minha casa na colina, eu mudava de canais casualmente. Ouvi as palavras "Quem é Morrie Schwartz?" e fiquei paralisado.

É a nossa primeira aula juntos, primavera de 1976. Entro na ampla sala de Morrie e noto a aparentemente incontável quantidade de livros que cobrem a parede, estantes e estantes de livros de sociologia, filosofia, religião, psicologia. No piso de madeira, um grande tapete, e uma janela que dá para a estradinha do campus. Só uns dez ou doze estudantes estão lá, consultando cadernos e programas. A maioria usa jeans, botinas e camisa de flanela com pregas. Penso comigo que não vai ser fácil matar aula numa turma tão pequena. Talvez não devesse ter me inscrito.

– Mitchell? – diz Morrie lendo a lista de presença.

Levanto a mão.

– Prefere Mitch? Ou acha melhor Mitchell?

Nenhum professor me perguntara isso. Dou uma olhada rápida no cara, suéter gola rulê, calça de cotelê verde, o cabelo prateado caindo na testa. Ele sorri.

– Mitch. É assim que meus amigos me tratam – respondo.

– Pois então será Mitch – diz Morrie, como fechando um negócio. – E... Mitch?

– Senhor?

– Espero que um dia você pense em mim como amigo.

A orientação

Entrei com o carro alugado na rua de Morrie, em West Newton, bairro tranquilo de Boston. Tinha em uma das mãos um copo de café e um celular preso entre o ouvido e o ombro. Falava com um produtor de televisão sobre um trabalho que estávamos fazendo. Meus olhos pulavam do relógio – em algumas horas eu teria de pegar um voo de volta – para os números das caixas de correio na rua arborizada. O rádio do carro estava ligado numa estação só de notícias. Era assim que eu trabalhava, cinco coisas ao mesmo tempo.

– Repasse a fita – disse ao produtor. – Quero ouvir mais uma vez essa parte.

– Tudo bem. É só um segundo.

De repente, olhe aí a casa. Piso no freio, derramo café no colo. Quando o carro para, vejo de relance um enorme bordo japonês e três pessoas sentadas perto dele no gramado: um rapaz, uma senhora de meia-idade ao lado de um velho pequenino em cadeira de rodas.

Morrie.

Ao ver o meu velho professor, me emociono.

– Alô! – diz o produtor no meu ouvido. – Está me ouvindo?

Fazia dezesseis anos que eu não o via. O cabelo estava mais ralo, quase branco, o rosto descarnado. De repente me senti despreparado para o encontro – principalmente por estar preso ao telefone – e torci para que ele não tivesse notado a minha chegada. Assim, eu poderia dar umas voltas pelo quarteirão, terminar o meu trabalho e me preparar mentalmente. Porém Morrie, esta nova versão de cabelo prateado de um homem que eu antes conhecera tão bem, já sorria para o carro, as mãos cruzadas no colo, esperando o meu aparecimento.

– Ei! – gritou o produtor mais uma vez. – Está ouvindo?

Em consideração pelo tempo que passamos juntos, em consideração pelas gentilezas e pela paciência que Morrie teve comigo, eu devia ter largado o telefone e pulado fora do carro, corrido para Morrie e o abraçado e beijado.

Mas o que fiz foi desligar o motor e me afundar no assento, como se procurasse alguma coisa.

– Estou, estou ouvindo – cochichei, e continuei minha conversa com o produtor de televisão até ficar tudo acertado.

Fiz o que havia aprendido a fazer muito bem: cuidar do meu trabalho, mesmo enquanto o meu professor moribundo me esperava no gramado de sua casa. Não me orgulho disso, mas foi o que fiz.

Cinco minutos depois, Morrie me abraçava, o cabelo ralo roçando no meu rosto. Eu disse a ele que estivera procurando minhas chaves, por isso me demorei no carro, e o abracei forte, como se esperasse com isso esmagar a minha mentira. Mesmo estando o sol de maio mais para quente, ele vestia casaco grosso e tinha um cobertor sobre as pernas. Exalava leve cheiro de azedo, como costuma acontecer com pessoas que estão em tratamento. Com o rosto dele bem encostado no meu, eu ouvia sua respiração dificultosa.

– Meu velho amigo – disse ele baixinho –, finalmente você veio.

Encostou a cadeira em mim, não me largava, as mãos subindo

por meus braços. Inclinei-me sobre ele. Surpreendeu-me esse afeto depois de tantos anos, mas logo me lembrei de que, atrás das muralhas de pedra que havia erigido entre meu presente e o meu passado, eu havia esquecido de quanto fomos íntimos. Lembrei-me do dia da formatura, da pasta de couro, das lágrimas que ele verteu na minha despedida, e engoli em seco porque sabia, no íntimo, que eu não era mais o bom aluno presenteador que ele guardava na lembrança.

Fiquei desejando que nas poucas horas seguintes eu conseguisse enganá-lo.

Dentro da casa nos sentamos a uma mesa de nogueira na sala de jantar, perto de uma janela que dava para a casa vizinha. Morrie pelejava com a cadeira de rodas, procurando posição confortável. Como era de costume, ele queria me dar comida. Aceitei. Uma ajudante italiana corpulenta, chamada Connie, partiu pão e tomates e trouxe salada de frango, purê de ervilha e tabule.

E trouxe também uns comprimidos. Morrie olhou-os e deu um suspiro. Os olhos dele estavam fundos como eu nunca os tinha visto e os malares, mais salientes, o que lhe dava um ar duro e envelhecido – até que ele sorriu e as maçãs despencadas se ergueram como cortinas.

– Mitch – disse ele tranquilamente –, você sabe que estou morrendo.

Eu sabia.

– Pois bem – engoliu os comprimidos, largou o copo de papel, inspirou fundo e soltou. – Quer saber como é?

– Como é o quê? Morrer?

– Isso.

Sem que eu percebesse, o nosso derradeiro curso começava.

É o meu primeiro ano. Morrie é mais velho que a maioria dos outros professores, eu sou mais novo do que a maioria dos outros alunos – terminei o ginásio mais cedo. Para disfarçar minha juventude, uso velhos suéteres de manga comprida cinzentos quando vou a uma academia de ginástica perto da universidade, e ando por toda parte com um cigarro por acender preso nos lábios, apesar de não ser fumante. Dirijo um velho Mercury Cougar com os vidros abaixados e o som alto. Procuro minha identidade na dureza – mas o que me atrai é a ternura de Morrie; e, como ele não me vê como um garoto que se esforça por ser mais do que é, me modero.

Vou terminar este primeiro curso com ele e me inscrever em outro. Ele dá boas notas, não liga muito para classificações. Um ano, dizem, durante a Guerra do Vietnã, Morrie deu nota máxima a todos os seus alunos homens para retardá-los no alistamento militar.

Passei a chamar Morrie de "Treinador", como chamava o meu instrutor de atletismo no ginásio. Morrie gostou do apelido.

– Treinador – disse ele. – Certo. Serei seu treinador. De teatro. E você pode ser meu intérprete. Pode interpretar todos os belos papéis da vida que não posso interpretar mais por causa da idade.

Às vezes, comemos juntos na cantina. Para meu agrado, Morrie é mais destrambelhado que eu. Fala, em vez de mastigar, ri de boca aberta, expõe um pensamento acalorado com a boca cheia de ovo mexido, os pedacinhos amarelados saltando por entre os dentes.

Isso me encanta. Desde que o conheci, tenho duas fortes tentações: abraçá-lo e dar-lhe um guardanapo.

Sala de aula

O sol entrava pela janela da sala de jantar, clareando as tábuas do assoalho. Estávamos conversando ali fazia quase duas horas. O telefone toca mais uma vez, e Morrie pede a Connie, a ajudante, que atenda. Ela vinha anotando os nomes de quem telefonava no caderninho preto de Morrie. Amigos. Professores de meditação. Um grupo de debates. Alguém que queria fotografá-lo para uma revista. Evidentemente, eu não era a única pessoa interessada em visitar o meu velho professor – a entrevista para o *Nightline* fizera dele uma celebridade –, mas fiquei impressionado, talvez até invejoso, com a quantidade de amigos que Morrie tinha. Pensei nos "chapas" que orbitavam à minha volta na universidade. Por onde andariam?

– Sabe, Mitch, agora que estou morrendo, fiquei mais interessante para os outros.

– Você sempre foi interessante.

– Que é isso! Bondade sua.

Não se trata de bondade, pensei.

– A questão é esta, Mitch. As pessoas me procuram como quem procura uma ponte. Não estou tão vivo como antes, mas ainda não morri. Estou, digamos... no meio.

Morrie tossiu, recuperou o sorriso.

– Estou fazendo a última grande viagem aqui, e as pessoas querem que eu lhes diga o que devem pôr na bagagem.

O telefone tocou de novo.

– Pode atender, Morrie? – perguntou Connie.
– Estou conversando com o meu velho companheiro. Diga para ligarem depois.

Não sei dizer por que ele me recebeu com tanto calor humano. Eu não era nem de longe o aluno promissor que se separara dele dezesseis anos antes. Não fosse o *Nightline*, Morrie poderia ter morrido sem me ver de novo. Eu não tinha uma boa desculpa para isso, a não ser a que todo mundo hoje em dia costuma ter. Eu ficara muito envolvido pelo canto de sereia de minha própria vida. Vivia ocupado.

O que foi que aconteceu comigo?, pensei. A voz alta e enevoada de Morrie levou-me de volta aos anos de universidade, quando eu pensava que os ricos são maus, que camisa e gravata são uniforme de presidiário e que a vida sem liberdade de se levantar e ir embora – a motocicleta como tapete voador, o vento no rosto pelas ruas de Paris, pelas montanhas do Tibete – não é vida. *O que foi que aconteceu comigo?*

Aconteceram os anos 1980. Aconteceram os 1990. Morte e doença, gordura no corpo e calvície aconteceram. Barganhei montes de sonhos por cheques cada vez mais gordos e nem percebi que estava fazendo isso.

E agora Morrie na minha frente, falando com o entusiasmo de nossos anos de universidade, como se simplesmente eu tivesse chegado de umas férias prolongadas.

– Encontrou alguém com quem dividir o coração? – ele perguntou. – Está se dedicando à sua comunidade? Está em paz com o seu ser interior? Tem procurado ser a melhor pessoa que puder?

Eu me contorcia, querendo mostrar que vinha me preocupando intensamente com essas questões. *O que foi que aconteceu comigo?* Uma vez prometi a mim mesmo que jamais trabalharia por dinheiro, que me alistaria no Corpo da Paz, que viveria em lugares belos e inspiradores.

Mas não. Já estava havia dez anos em Detroit, no mesmo local de trabalho, utilizando o mesmo banco, frequentando o mesmo barbeiro. Tinha 37 anos, era mais aplicado que na universidade, vivia ligado a computadores, modems e telefones celulares. Escrevia sobre atletas ricos, que na maioria nem estavam aí para pessoas como eu. Eu não era mais jovem para os meus pares, nem circulava vestindo suéteres cinzentos de mangas compridas, levando nos lábios um cigarro por acender. Não me engajava em longos debates sobre o sentido da vida na frente de um prato de sanduíches de salada de ovos.

Meus dias eram cheios, e no entanto eu vivia insatisfeito a maior parte do tempo.

O que foi que aconteceu comigo?

– Treinador – falei de repente, lembrando o apelido.

Morrie sorriu.

– Sou eu. Ainda sou o seu treinador.

Ele riu e voltou a comer, uma refeição que havia começado quarenta minutos antes. Eu o observava, aquelas mãos se movimentando desajeitadas, como se ele ainda estivesse aprendendo a utilizá-las. Não conseguia pôr força no cabo da faca. Os dedos tremiam. Cada mordida era difícil, ele mastigava bem antes de engolir, às vezes a comida saía pelos cantos da boca e ele precisava largar o que estivesse segurando para pegar o guardanapo. A pele, desde o punho aos nós dos dedos, era pontilhada de manchas de idade e pendente como pele de galinha em uma canja.

Comemos assim por algum tempo, um velho doente, um homem saudável e mais moço absorvendo o silêncio do cômodo pequeno. Eu diria que era um silêncio embaraçoso, mas parece que o único embaraçado ali era eu.

– Estar morrendo é apenas uma circunstância triste, Mitch. Viver infeliz é diferente. Muitas das pessoas que me visitam são infelizes.

– Por quê?

– Porque a cultura que temos não contribui para que as pessoas estejam satisfeitas com elas mesmas. Estamos ensinando coisas erradas. E é preciso ser forte para dizer que, se a cultura não serve, não interessa ficar com ela. Que é melhor criar a sua própria. A maioria das pessoas não consegue fazer isso. São mais infelizes do que eu, mesmo na situação em que estou. Posso estar morrendo, mas estou cercado de almas amorosas e dedicadas. Quantos podem dizer o mesmo?

Fiquei impressionado com a completa falta de autocomiseração. Este Morrie que não pode mais dançar, nadar, tomar banho, andar a pé, este Morrie que não pode mais atender à porta, não pode se enxugar depois do banho, nem mesmo se virar na cama – como pode ser tão resignado? Eu o vi atrapalhado com o garfo, tentando pegar uma fatia de tomate que escapuliu por duas vezes, uma cena patética, e no entanto tenho de reconhecer que a presença dele transmite uma serenidade quase mágica.

Dei uma olhada furtiva no relógio – força do hábito –, estava ficando tarde. Pensei em mudar o horário da minha passagem. Aí, Morrie disse uma coisa que me persegue até hoje.

– Sabe como vou morrer?

Ergui os olhos para ele.

– Vou morrer sufocado. Por causa da asma, meus pulmões não vão aguentar a doença. Ela está subindo pelo corpo, esta ELA. Já pegou minhas pernas. Não demora muito, vai pegar braços e mãos. E quando chegar aos pulmões...

Deu de ombros.

– ... estarei acabado.

Sem saber o que dizer, falei apenas:

– Bem, você sabe... quero dizer... nunca se sabe.

Morrie fechou os olhos.

– Eu sei, Mitch. Você não deve recear a minha morte. Tive

uma vida boa e todos sabemos o que vai acontecer. Talvez me restem quatro, cinco meses.

– Ora, vamos – eu disse, nervoso. – Ninguém pode garantir...
– Eu posso – disse ele calmamente. – Até já fizeram um teste. O médico me mostrou.
– Teste?
– Inspire umas vezes.

Inspirei.

– Inspire mais uma vez, mas agora, quando expirar, conte até quanto puder antes de inspirar de novo.

Expirei. "Um-dois-três-quatro-cinco-seis-sete-oito..."

Cheguei a setenta antes de perder o fôlego.

– Está vendo? – disse ele. – Você tem bons pulmões. Agora veja eu.

Inspirou, depois foi contando em voz vacilante. "Um-dois-três-quatro-cinco-seis-sete-oito-nove-dez-onze-doze-treze-quatorze-quinze-dezesseis-dezessete-dezoito..."

Aí parou, por falta de ar.

– Da primeira vez que o médico me pediu para fazer isso, cheguei a 23. Agora, não passo de dezoito.

Fechou os olhos, sacudiu a cabeça.

– O meu tanque está quase vazio.

Fiquei tamborilando numa perna nervosamente. Para uma tarde, bastava.

– Volte para conversar com o seu velho professor – disse ele quando lhe dei um abraço de despedida.

Prometi voltar, e tentei não pensar na última vez que tinha feito promessa semelhante.

Procuro na livraria do campus os títulos constantes da lista passada por Morrie. Compro livros que nunca suspeitei que

existissem, tais como Identidade: juventude e crise, Eu e você, O ser dividido.

Antes da faculdade, eu não sabia que o estudo das relações humanas podia ser considerado matéria acadêmica. Antes de conhecer Morrie, não acreditava que pudesse.

Mas o amor dele pelos livros é autêntico e contagiante. Passamos a discutir assuntos sérios depois da aula, quando a sala está vazia. Ele me indaga sobre a minha vida, cita passagens de Erich Fromm, Martin Buber, Erik Erikson. Às vezes, concorda com eles, mas acrescentando a sua opinião sem negar a concordância. É nessas ocasiões que percebo que ele é mesmo um professor, não um tio. Uma tarde me queixo do choque entre o que a sociedade espera de mim e o que eu quero para mim.

– Que foi que eu lhe disse sobre a tensão dos opostos? – pergunta ele.

– Tensão dos opostos?

– A vida é uma série de puxões para a frente e para trás. Queremos fazer uma coisa, mas somos forçados a fazer outra. Algumas coisas nos machucam, apesar de sabermos que não deviam. Aceitamos certas coisas como inquestionáveis, mesmo sabendo que não devemos aceitar nada como absoluto. Tensão de opostos, como o estiramento de uma tira de borracha. A maioria de nós vive mais ou menos no meio.

– Parece luta livre – pondero.

– Luta livre – repete ele, e ri. – É. Pode-se definir a vida dessa forma.

– E que lado vence? – pergunto.

– Que lado vence?

Ele sorri para mim, os olhos enrugados, os dentes tortos.

– O amor vence. Sempre.

A frequência

Semanas depois, embarquei para Londres. Ia cobrir Wimbledon, principal torneio mundial de tênis e um dos poucos eventos que conheço nos quais o público não vaia e não se veem bêbados no estacionamento. A Inglaterra estava quente e nublada, e todas as manhãs eu andava a pé pelas ruas arborizadas das proximidades do estádio, passava por filas de adolescentes que esperavam sobras de entradas e vendedores de morangos com creme. Do lado de fora do portão havia uma banca que vendia tabloides britânicos coloridos, com fotografias de mulheres de seios nus, fotografias da família real tiradas por paparazzi, horóscopos, notícias de esportes, resultados de loterias e alguma notícia propriamente dita. A manchete principal do dia era escrita em um pequeno quadro-negro encostado na pilha da última remessa de jornais e geralmente dizia coisas assim: DIANA DISCUTE COM CHARLES! ou GAZZA AO TIME: "QUERO MILHÕES!".

O público esgotava esses tabloides, devorava as fofocas, e em viagens anteriores à Inglaterra eu fazia o mesmo. Mas agora, não sei por quê, me vejo pensando em Morrie sempre que leio bobagens e futilidades. Fiquei lembrando dele lá na casa do bordo japonês, no assoalho de madeira nua, ele contando a respiração, aproveitando todos os momentos com os seus seres queridos, e eu desperdiçando tanto tempo com assuntos que nada significavam para mim pessoalmente: estrelas de cinema, supermodelos, o mais recente rumor sobre a Princesa Di, ou Madonna, ou John F. Kennedy Jr. Estranhamente, tive inveja da qualidade do tempo de Morrie, mesmo lamentando o esgotamento dele. Por que nos preocupamos com as distrações que aceitamos? Lá nos Estados Unidos, o julgamento de O. J. Simpson estava a pleno vapor, pessoas sacrificavam a hora do almoço acompanhando o assunto, depois gravavam o resto para de noite verem mais. Pessoas que nem conheciam O. J. Simpson. Não conheciam ninguém envolvido no caso. No entanto, perdiam dias e semanas de vida com o drama de desconhecidos.

Lembrei-me das palavras de Morrie: *"A cultura que temos não contribui para que as pessoas se sintam felizes com elas mesmas. É preciso ser forte para dizer que, se a cultura não serve, não interessa ficar com ela."*

Coerente com essas palavras, Morrie criou a sua própria cultura – muito antes de adoecer. Grupos de debates, passeios com amigos, dança ao som de sua música na igreja de Harvard Square. Lançou um projeto intitulado Estufa, para prestar assistência em saúde mental a pessoas carentes. Lia livros em busca de ideias novas para suas aulas, visitava colegas, mantinha contato com ex-alunos, escrevia a amigos distantes. Dedicava mais tempo a comer e contemplar a natureza, em vez de ficar diante da televisão vendo seriados ou "Filmes da Semana". Criou um casulo de atividades humanas – conversas, interação, afeto – e isso enchia a sua vida como uma terrina transbordante.

Eu também criei a minha própria cultura – a do trabalho. Fiz quatro ou cinco matérias na Inglaterra, com elas praticando malabarismos como palhaço. Passava oito horas por dia num computador, mandando matérias para os Estados Unidos. Fiz matérias para televisão, viajando com uma equipe por várias partes de Londres. Toda manhã e toda tarde mandava reportagens de rádio por telefone. Não se tratava de uma atividade incomum. Durante anos, fiz do trabalho o meu companheiro e empurrei tudo o mais para escanteio.

Em Wimbledon, eu fazia minhas refeições no cubículo de madeira onde trabalhava e nada via de estranho nisso. Num certo dia muito tumultuado, um bando de repórteres perseguiu Andre Agassi e sua famosa namorada, Brooke Shields, e eu fui derrubado por um repórter inglês que mal murmurou um pedido de desculpa e seguiu em frente com suas enormes lentes penduradas no pescoço. Pensei em mais outra coisa que Morrie me dissera: *"Tanta gente anda de um lado para outro levando uma vida sem sentido. Parecem semiadormecidas, mesmo quando ocupadas em coisas que julgam importantes. Isso acontece porque estão correndo atrás do objetivo errado. Só podemos dar sentido à vida dedicando-nos a nossos semelhantes e à comunidade e nos empenhando na criação de alguma coisa que tenha alcance e sentido."*

Eu sabia que ele estava certo.

Mas nada fiz para mudar.

Terminado o torneio – e as incontáveis xícaras de café que tomei para poder chegar ao fim –, fechei o computador, limpei o cubículo e fui para o apartamento fazer as malas. Era tarde. A televisão era só chuviscos.

Peguei o avião para Detroit, cheguei no fim da tarde. Arrastei-me para casa e caí no sono. Acordei com uma notícia inesperada: o sindicato tinha declarado greve. A sede do jornal estava fechada, piquetes obstruíam a entrada, manifestantes subiam e desciam a rua cantando. Filiado ao sindicato, eu não tinha opção: de repente, e pela primeira vez na vida, estava sem trabalho, sem o cheque do mês e em litígio com meus empregadores. Líderes sindicais me telefonaram e me advertiram contra qualquer contato com meus chefes (muitos dos quais eram meus amigos): se eles me telefonassem para me dar explicações, eu devia desligar. "Vamos lutar até a vitória!", garantiram os líderes sindicais, falando como soldados.

Senti-me confuso e deprimido. A televisão e o rádio eram bons suplementos salariais, mas o jornal tinha sido a minha atividade principal, o meu oxigênio, a minha satisfação interior. Quando via minhas matérias impressas cada manhã, eu sabia que, pelo menos num sentido, estava vivo.

Agora tudo isso acabava. Passaram-se o primeiro dia, o segundo, o terceiro. Choviam telefonemas nervosos e boatos de que a greve poderia durar meses. A minha vida estava de pernas para o ar. Todas as noites havia eventos esportivos que devia estar cobrindo – e eu em casa, vendo-os na televisão, como mero espectador. Eu me acostumara a pensar que os leitores precisavam de minha coluna. Fiquei assombrado de ver que as coisas podiam acontecer sem a minha presença.

Passada uma semana, peguei o telefone e disquei o número de Morrie. Connie levou-o ao telefone.

– Você vem me visitar – disse ele, mais afirmando do que perguntando.

– Posso ir?

– Que tal terça-feira?

Respondi que terça-feira estava bem. Terça-feira estava ótimo.

Em meu segundo ano me inscrevo em mais dois cursos de Morrie. Não nos encontramos só na sala de aula, mas às vezes também fora, para conversar. Nunca fiz isso com um adulto que não fosse meu parente, mas me sinto bem saindo com Morrie, e ele também parece contente com essas saídas.

– Aonde vamos hoje? – pergunta alegremente quando entro na sua sala.

Na primavera, sentamos debaixo de uma árvore perto do

prédio de Sociologia, e no inverno ficamos na sala dele, eu com o meu suéter cinzento de mangas compridas e tênis Adidas, ele com calça de cotelê e sapatos de enfiar. Sempre que conversamos, ele escuta minhas divagações, depois procura me passar alguma lição de vida. Previne-me de que, ao contrário do conceito prevalente no campus, dinheiro não é o item mais importante. Diz que eu preciso ser "integralmente humano". Fala da alienação da juventude e da necessidade de "conexão" com a sociedade que me cerca. Algumas dessas coisas eu entendo, outras não. Não importa. Essas discussões são um pretexto para conversar com ele, conversas paternais que não posso ter com meu pai, cuja vontade é que eu seja advogado.

Morrie detesta advogados.

– Que é que você quer fazer quando deixar a universidade? – pergunta.

– Quero ser músico – respondo. – Pianista.

– Maravilha. Mas é uma vida dura.

– É.

– Tubarões demais.

– É o que dizem.

– Mesmo assim, se você quer mesmo, vai acabar conseguindo.

Sinto vontade de abraçá-lo, de agradecer-lhe por dizer isso, mas me contenho. Apenas concordo, inclinando a cabeça.

– Parece que você é dos que tocam piano com brio.

Dou uma risada.

– Brio?

Ele ri também.

– Brio. Por que não? Não usam mais essa palavra?

A primeira terça-feira

Falamos sobre o mundo

Connie abriu a porta para mim. Morrie estava na cadeira de rodas junto à mesa da cozinha, vestido com uma camisa folgada de algodão e calça preta ainda mais folgada. Folgada porque as pernas dele tinham se atrofiado muito abaixo do tamanho normal das roupas. Podia-se abarcar as coxas com as duas mãos e os dedos se tocarem. Se ele conseguisse ficar em pé, não alcançaria mais de 1,60 metro, e talvez pudesse vestir a calça de um pré-adolescente.

– Trouxe uma coisa para você – eu disse, mostrando um saco de papel pardo. Eu tinha passado antes em um supermercado e comprado peru, salada de batata e de macarrão e pãezinhos. Sabia que não faltava comida na casa, mas queria me sentir útil pelo menos nisso, já que em tudo o mais eu nada podia fazer por Morrie. E sabia que ele gostava de comer.

– Oh, quanta comida! – ele disse. – Você vai ter de me ajudar a comê-la.

Sentamo-nos à mesa da cozinha, cercada de cadeiras de vime. Dessa vez, não precisando mais pôr em dia as informações de dezesseis anos, entramos logo nas águas conhecidas de nosso diálogo universitário, Morrie fazendo perguntas, escutando minhas respostas, parando como um chefe de cozinha para acrescentar pitadas de coisas que eu havia esquecido ou não tinha registrado. Perguntou sobre a greve do jornal e, fiel à lógica, não conseguia entender por que os dois lados não se comunicavam para solucionar o problema. Respondi que nem todos são perceptivos como ele.

De vez em quando, ele parava para ir ao banheiro, atividade que demorava um pouco. Connie o levava na cadeira, levantava-o da cadeira e o segurava enquanto ele urinava no caneco. Ele voltava sempre com ar cansado.

– Lembra-se de quando eu disse a Ted Koppel que muito breve alguém teria que limpar a minha bunda? – disse ele.

– Ninguém esquece um momento desses – respondi rindo.

– Pois acho que esse dia está chegando. E isso me aborrece.

– Por quê?

– Porque é a prova suprema da dependência. Outra pessoa limpando a bunda da gente. Mas já estou pensando no assunto. Estou me ensinando a gostar de ser limpado.

– Gostar?

– É. É uma maneira de voltar a ser bebê.

– É uma maneira especial de encarar o assunto.

– Agora preciso encarar a vida de maneira especial. Veja só. Não posso fazer compras. Não consigo pôr o lixo para fora. Não posso administrar a conta no banco. Mas posso ficar sentado aqui com os meus dias minguantes e identificar o que julgo importante na vida. Tenho os dois requisitos para isso: o tempo e o motivo.

– Quer dizer então – eu reagi cínica e impulsivamente – que a chave para achar o sentido da vida está em parar de pôr o lixo para fora?

Ele riu, o que me deixou aliviado.

Quando Connie recolheu os pratos, notei uma pilha de jornais que com toda a certeza tinham sido lidos antes da minha chegada.

Perguntei se ele ainda se interessava pelo noticiário.

– Claro. Acha isso estranho? Acha que por estar perto da morte eu não deva me interessar pelo que se passa no mundo?

– Quem sabe.

Ele suspirou fundo e disse:

– Você pode ter razão. Talvez eu não devesse me interessar. Afinal, não estarei mais aqui para ver os desfechos. Mas é difícil explicar, Mitch. Agora que estou sofrendo, sinto-me mais perto de pessoas que sofrem do que me sentia antes. Outra noite, vi na televisão pessoas na Bósnia correndo nas ruas, levando tiros, morrendo, vítimas inocentes, e chorei. Sinto a angústia delas como se fosse minha. Não conheço nenhuma delas, mas... como dizer, sou quase... atraído para elas.

Os olhos dele ficaram marejados. Tentei mudar de assunto, ele enxugou o rosto e fez um sinal para que eu não ligasse.

– Hoje em dia choro muito – disse. – Não ligue.

Espantoso, pensei. Eu trabalhava com notícias. Fiz reportagens em lugares onde morria gente. Entrevistei famílias enlutadas. Até fui a enterros. Nunca chorei. E Morrie, pelo sofrimento de pessoas lá no outro lado do mundo, estava chorando. *Será isso que acontece quando chega o fim?* Talvez a morte seja a grande equalizadora, o grande evento que consegue finalmente fazer estranhos chorarem uns pelos outros.

Morrie assoou forte no lenço de papel.

– Isso não incomoda você, incomoda? Ver homem chorar?

– Claro que não – respondi sem pensar.

Ele sorriu.

– Ah, Mitch. Vou afrouxar você. Um dia vou lhe mostrar que chorar é natural.

– Claro, claro.

– Claro, claro – disse ele também.

Rimos, porque ele dizia a mesma coisa há vinte anos. Geralmente, às terças-feiras. Em geral, terça-feira era nosso dia de conversar. A maioria dos cursos que fiz com Morrie era às terças. Ele dava expediente em sua sala nesse dia e, quando eu fazia a minha tese final – acompanhada por ele, desde o começo –, era às terças que nos reuníamos à mesa dele, ou na cantina, ou nas escadarias do Pearlman Hall para repassar o trabalho.

De maneira que parecia natural termos voltado a nos encontrar numa terça-feira na casa do bordo japonês. Quando eu já estava de saída, falei sobre isso com Morrie.

– Somos terça-feirinos – ele disse.

– Terça-feirinos – repeti.

Ele sorriu e disse:

– Mitch, você perguntou por que me preocupo com pessoas que nem conheço. Posso lhe dizer o que é que estou aprendendo mais com esta doença?

– Diga.

– O mais importante na vida é aprender a dar amor e a recebê-lo.

A voz dele reduziu-se a um murmúrio.

– Deixe o amor vir. Pensamos que não merecemos amor; pensamos que, se nos abrirmos a ele, nos enfraqueceremos. Mas um sábio chamado Levine disse a palavra certa: "O amor é o único ato racional."

Repetiu a frase devagar, parando para acentuar o efeito.

Como bom estudante, concordei inclinando a cabeça, e ele expirou levemente. Inclinei-me para dar-lhe um abraço e, apesar de não ser muito do meu feitio, beijei-o no rosto. Senti as mãos fracas do meu velho professor em meus braços e, no rosto, o roçar do pelo curto das costeletas.

– Então você volta terça-feira? – perguntou em voz baixa.

Entra na sala de aula, senta-se, não fala. Olha para nós, olhamos para ele. Ouvem-se uns risinhos. Morrie dá de ombros e logo baixa profundo silêncio. Começamos a perceber os ruídos mais ínfimos, o zumbido do aquecedor no canto, a respiração nasal de um estudante gordo.
Alguns alunos vão ficando inquietos. Quando é que ele vai dizer alguma coisa? Disfarçamos, consultamos os relógios de pulso. Alguns olham pela janela, procurando mostrar-se superiores. Isso dura uns bons 15 minutos. Finalmente, Morrie quebra o silêncio com um murmúrio.
– O que é que está acontecendo aqui? – pergunta.
Aos poucos vai começando uma discussão – justamente o que Morrie queria desde o início – sobre o efeito do silêncio nas relações humanas. Por que é que o silêncio nos constrange? Que satisfação encontramos nos ruídos?
A mim o silêncio não incomoda. Apesar da barulheira que faço com meus amigos, ainda não me sinto à vontade falando de meus sentimentos na frente de outros – principalmente de quem não é meu colega. Podia ficar em silêncio durante horas, se fosse esse o desejo da classe.
Na saída da classe, Morrie me detém.
– Você quase não falou hoje, Mitch.
– Bem... eu não tinha o que dizer.
– Ora, desconfio que você tem muito a dizer. A propósito, Mitch, você me lembra uma pessoa que conheci que também gostava de guardar tudo para ela quando era jovem.
– Quem?
– Eu.

A segunda terça-feira

Falamos de autocomiseração

Voltei na terça seguinte. E em muitas outras que se seguiram. Esperava esses dias com impaciência, mesmo tendo que viajar mais de 1.200 quilômetros para me sentar ao lado de um moribundo. Mas era como se eu atravessasse uma janela do tempo quando ia visitar Morrie, e gostava mais de mim quando estava com ele. Não levava mais um celular quando saía do aeroporto. *Eles que esperassem*, eu pensava, me lembrando de Morrie.

A greve dos jornais em Detroit continuava empacada. Aliás, continuava mais ferrenha, com violentos enfrentamentos entre piqueteiros e pessoal recrutado, gente detida, espancada, gente deitada na rua diante de caminhões de entrega.

Em vista disso, minhas visitas a Morrie eram como um bálsamo feito de bondade humana. Falávamos sobre a vida, sobre o amor e sobre um dos assuntos preferidos de Morrie: a solidariedade humana e por que a nossa sociedade é tão carente desse sentimento. Antes da terceira visita, passei num mercado chamado Pão e Circo – eu tinha visto sacolas dele na casa de Morrie e deduzi que ele devia gostar dos produtos de lá – e comprei montes de coisas.

Quando entrei no estúdio de Morrie, ergui as sacolas como se tivesse acabado de roubar um banco.

– O despenseiro! – gritei.

Morrie revirou os olhos e sorriu.

Enquanto isso, eu o examinava procurando sinais do progresso da doença. Os dedos dele ainda eram capazes de escrever a lápis e segurar os óculos, porém ele não conseguia erguer os braços acima do peito. Agora, passava cada vez menos tempo na cozinha e na sala de jantar e mais no estúdio, onde havia uma espreguiçadeira com travesseiros, cobertor e pedaços de espuma de borracha em formatos especiais para apoio dos pés e das pernas murchas. Ao seu alcance ficava uma sineta, e quando ele precisava ajustar a posição da cabeça ou "ir às conveniências", como dizia, sacudia a sineta e Connie, Tony, Bertha ou Amy – sua pequena equipe de ajudantes domésticos – atendiam. Nem sempre era fácil para ele erguer a sineta. Quando não conseguia, sentia-se frustrado.

Perguntei-lhe se tinha pena de si mesmo.

– Às vezes, de manhã. É quando lamento. Apalpo o corpo, mexo os dedos e as mãos... o que ainda posso mexer... e lamento o que perdi. Lamento o meu processo lento e insidioso de morrer. Mas logo suspendo as lamentações.

– Por um ato de vontade?

– Choro bastante se sinto necessidade. Mas depois penso em todas as coisas boas que me restam. Penso nas pessoas que me visitam. No que elas vão me contar. Em você, se é terça-feira. Porque somos terça-feirinos.

Sorri.

– Terça-feirinos.

– Não me concedo mais lamentação do que isso, Mitch. Um pouquinho a cada manhã, algumas lágrimas, e só.

Pensei nas muitas pessoas que conheço que passam muitas horas úteis do dia lamentando-se da sorte. Como seria bom se pudéssemos estabelecer um limite diário às lamúrias. Só uns poucos minutos de lágrimas e pronto. Enfrentar o dia. Se Morrie, com essa doença horrível, pode fazer isso...

– Só é horrível se encarada por este prisma – disse ele. – Ver o meu corpo definhando lentamente para o nada. Mas também é maravilhoso porque me concede muito tempo para me despedir. Nem todos têm essa sorte – acrescentou sorrindo.

Contemplei-o na cadeira, incapaz de se levantar, de se lavar, de se vestir. Sorte? Será que ele disse mesmo sorte?

Durante uma pausa para ele ir ao banheiro, folheei o jornal de Boston que estava perto da cadeira. Havia uma matéria sobre uma cidadezinha madeireira onde duas adolescentes torturaram e mataram um senhor de 73 anos que as protegia, depois deram uma festa no trailer onde ele morava e exibiram o cadáver. E outra matéria sobre o iminente julgamento de um heterossexual que matara um homossexual porque este, num programa de televisão, declarara-se apaixonado por ele.

Larguei o jornal. Morrie foi trazido do banheiro, sorrindo como sempre, e Connie ia passá-lo da cadeira de rodas para a espreguiçadeira.

– Posso fazer isso? – perguntei.

Fez-se breve silêncio. Nem sei por que me ofereci, mas Morrie olhou para Connie e disse:

– Mostre a ele como se faz.

Instruído por ela, inclinei-me, passei o braço por baixo das axilas dele e o puxei para mim, como se estivesse erguendo uma tora de madeira. Aprumei o corpo, ao mesmo tempo erguendo Morrie. Normalmente, quando se levanta alguém, espera-se que os braços da pessoa nos segurem, mas Morrie não podia segurar, era como peso morto. Senti a cabeça dele encostar em meu ombro e o corpo derrear-se em mim como uma coisa molenga.

Ele gemeu baixinho.

– Está seguro – eu disse.

Pegá-lo assim comoveu-me de um jeito que não sei explicar. Só posso dizer que senti as sementes da morte em seu arcabouço engelhado. Quando o pousei na espreguiçadeira e ajeitei a cabeça dele nos travesseiros, arrepiou-me a convicção de que o nosso tempo estava se acabando.

E a de que eu precisava fazer alguma coisa.

É o meu penúltimo ano, 1978, quando discotecas e os filmes do Rocky são o estouro cultural. Estamos em um curso incomum de Sociologia na Brandeis, curso que Morrie chama de "Processo de Grupo". Cada semana estudamos os modos de os estudantes interagirem uns com os outros e como reagem à ira, ao ciúme, à consideração. Somos cobaias humanas. Na maioria dos casos alguém acaba chorando. Eu chamo isso de curso "tocando-e-sentindo". Morrie diz que eu preciso ser mais aberto de espírito.

Nesse dia, ele diz que tem um exercício para nós. Devemos ficar em pé, de costas para nossos colegas, e cair para trás, confiando em que um colega nos apare. A maioria fica preocupada e não se deixa cair mais de alguns centímetros. Rimos encabulados.

Finalmente, uma estudante, mocinha magra, retraída, de cabelos pretos, sempre vestida de suéter branco e amplo, cruza os braços no peito, fecha os olhos, inclina-se para trás e não para. Como naqueles anúncios em que a modelo cai de costas na piscina.

Por um instante sinto-me convencido de que ela vai se estatelar no chão. No último momento, o colega designado para apará-la a segura pela cabeça e ombros e impede a queda.

– Legal! – exclamam vários estudantes. Alguns aplaudem.

Morrie sorri.

– Veja – diz ele à moça –, você fechou os olhos. Fez toda a diferença. Às vezes, não acreditamos no que vemos e precisamos acreditar no que sentimos. E, se quisermos que os outros confiem em nós, precisamos sentir que nós confiamos neles. Mesmo que estejamos no escuro. Mesmo quando estamos caindo.

A terceira terça-feira

Falamos de remorso

Na terça seguinte cheguei com as habituais sacolas de comida – massa com milho, salada de batata, torta de maçã – e alguma coisa mais: um gravador Sony.
– Quero me lembrar de nossas conversas – eu disse a Morrie.
– Quero guardar a sua voz para poder ouvi-la... depois.
– Quando eu tiver morrido.
– Não fale assim.
Ele riu.
– Eu vou morrer, Mitch. E mais cedo, não mais tarde.
Olhou a nova máquina.
– É grande – disse.
Senti-me um intruso, como geralmente se sentem os repórteres, e fiquei pensando que um gravador entre duas pessoas supostamente amigas é um objeto estranho, um ouvido artificial. Com tanta gente implorando o tempo de Morrie, eu estava querendo extrair demais desses nossos encontros terça-feirinos.
– Olhe – disse, apanhando o gravador. – Não precisamos usar isto, se ele o incomoda...
Ele me cortou, sacudiu um dedo, tirou os óculos, que ficaram pendurados no cordão preso ao pescoço. Olhou-me fixamente nos olhos.
– Deixe o gravador aí – disse.

Obedeci.

– Você não está entendendo, Mitch. *Quero* lhe falar de minha vida. Quero falar a você antes de não poder falar mais.

A voz baixou de tom, ficou quase um murmúrio.

– *Quero* que alguém escute a minha história. Está disposto a escutar?

Eu estava.

Por um momento ficamos calados.

– Então? – perguntou Morrie. – Está ligado?

A verdade é que aquele gravador representava mais do que um repositório de recordações. Eu estava perdendo Morrie, todos o estávamos perdendo – sua família, seus amigos, seus ex-alunos, seus colegas professores, seus companheiros dos grupos de debates políticos de que ele tanto gostava, seus antigos companheiros de dança, todos. Fitas gravadas, como fotografias e vídeos, são uma tentativa desesperada de furtar alguma coisa da bagagem da morte.

E também ia ficando claro para mim – pela coragem, pelo humor, pela paciência e pela receptividade de espírito de Morrie – que ele estava encarando a vida de um ponto de vista diferente do de outras pessoas. Um ponto mais saudável. De maior compreensão e bom senso. *E ele estava no portal da morte.*

Se alguma claridade mística de pensamento acontece quando se olha a morte nos olhos, estava claro para mim que Morrie queria experimentar esse momento. E eu queria recordar esse momento por toda a minha vida.

Desde a primeira vez que vi Morrie no *Nightline*, fiquei imaginando que sentimentos o teriam assaltado quando soube que a morte era iminente. Teria ele arrependimentos? Teria lamentado a perda de amigos? Desejaria ter agido de maneira diferente? Se eu estivesse no lugar dele, perguntei-me egoisticamente, perderia tempo lastimando tudo o que perdi? Me arrependeria dos segredos que guardei?

Quando falei sobre isso com Morrie, ele confirmou.

– É o que preocupa todo mundo, não é? E se hoje fosse o meu último dia na Terra?

Examinou o meu rosto e talvez tenha visto nele a ambivalência das minhas opções. Eu me imaginava caindo um dia sobre a mesa de trabalho, em cima da matéria que preparava, e os meus editores pegando-a, enquanto os enfermeiros e médicos levavam o meu corpo.

– Mitch? – disse Morrie.

Sacudi a cabeça e fiquei calado. Mas Morrie aproveitou a minha hesitação e continuou:

– Mitch, a cultura não nos ajuda a pensar nessas coisas quando a morte ainda parece longe. Vivemos tão enrolados em objetivos egoístas, carreira, família, ter dinheiro, pagar a hipoteca, comprar carro novo, consertar o aquecedor. Vivemos envolvidos em trilhões de pequenas coisas apenas para continuar tocando para a frente. Por isso, não adquirimos o hábito de dar uma parada, olhar nossa vida e dizer: é só isso? É só isso que eu quero? Não está me faltando alguma coisa?

Fez uma pausa.

– Precisamos que alguém nos empurre nessa direção. Não é coisa que venha automaticamente.

Eu sabia o que ele estava dizendo. Na vida, todos precisamos de professores.

E o meu estava ali na minha frente.

Ótimo, pensei. Se eu ia ser o aluno, então seria o melhor.

No avião de volta fiz uma lista de assuntos e de dúvidas que nos preocupam a todos, de felicidade a envelhecimento, de procriação a morte. Existem milhões de livros sobre esses assuntos, muitos programas de televisão e consultas a 90 dólares a hora. Os Estados Unidos viraram um bazar persa de informações sobre autoajuda.

Mas parece que ainda não existem soluções satisfatórias. Cuidar dos outros ou cuidar de nossa "criança interior"? Voltar a cultivar os valores tradicionais ou repelir a tradição como inútil? Buscar sucesso ou buscar simplicidade? Simplesmente dizer não ou simplesmente fazer?

O que eu sabia mesmo era isto: Morrie, meu velho professor, não estava nesse mercado de autoajuda. Estava em pé nos trilhos, escutando o apito da locomotiva da morte e sabendo com muita clareza o que é importante na vida.

Eu queria ter essa clareza. Toda alma confusa e torturada que eu conhecia também queria.

"Pergunte-me o que quiser", Morrie dizia sempre.

Então fiz a lista de assuntos:

- Morte
- Medo
- Envelhecimento
- Cobiça
- Casamento
- Família
- Sociedade
- Perdão
- Vida significativa

A lista estava em minha mala quando voltei a West Newton pela quarta vez, uma terça-feira do fim de agosto, quando o ar-condicionado do aeroporto de Logan não estava funcionando e as pessoas se abanavam e enxugavam o suor da testa com raiva, e todos os rostos que eu via pareciam de pessoas dispostas a matar alguém.

No começo do meu último ano, assisti a tantas aulas de Sociologia que quase tinha créditos para me graduar. Morrie sugeriu que eu escrevesse uma tese.

– Eu? Tese sobre o quê?

– O que é que lhe interessa?

Debatemos o assunto até que concordamos sobre o tema: esportes. Inicio um projeto de um ano sobre como o futebol americano se tornou um esporte ritualista, quase uma religião, um ópio para as massas. Não tenho então a menor ideia de que estou preparando minha futura carreira. Só sei que o projeto vai me proporcionar mais uma conversa semanal com Morrie. E com a ajuda dele, ao chegar a primavera, eu tinha uma tese de 112 páginas, pesquisada, com notas de rodapé, documentada e encadernada. Mostro-a a Morrie com o orgulho de um estreante fazendo sua primeira jogada importante.

– Parabéns – diz Morrie.

Sorrio enquanto ele a folheia, e corro os olhos pelo gabinete dele. As estantes de livros, o piso de tábuas nuas, o tapetinho na frente da mesa, o sofá. Vem-me à lembrança que naquela sala eu já havia sentado em todos os lugares possíveis.

– Sei não, Mitch – diz Morrie refletindo e ajustando os óculos enquanto lê. – Com um trabalho como este, precisamos trazê-lo de volta para uma defesa de tese.

– Ótimo. Ótimo – respondo.

Estou brincando, mas momentaneamente a ideia me atrai. Uma parte de mim está apavorada por ter de deixar a universidade. Tensão de opostos. Observo Morrie enquanto ele lê a minha tese e me pergunto como será o mundão lá fora.

O audiovisual, segunda parte

O *Nightline* voltou para fazer uma nova entrevista com Morrie – em parte porque a repercussão do primeiro programa tinha sido enorme. Desta vez, quando os câmeras e os produtores cruzaram a porta, já se sentiam como pessoas da família. E Koppel, o entrevistador, estava visivelmente animado. Não foi preciso mais fazer uma sondagem prévia, nenhuma entrevista antes da entrevista. Para aquecimento, Koppel e Morrie contaram um ao outro passagens das respectivas infâncias. Koppel disse que havia crescido na Inglaterra, Morrie contou que passara a infância no Bronx. Morrie usava camisa azul de manga comprida – sempre sentia frio, mesmo estando a temperatura exterior em 32 graus –, mas Koppel tirou o paletó, ficando de camisa e gravata. Era como se Morrie o estivesse forçando a descer do pedestal, um degrau de cada vez.

– Você está ótimo – disse Koppel, quando a fita começou a rodar.

– Todo mundo me diz isso – respondeu Morrie.

– A sua voz está ótima.

– Todo mundo me diz isso.

– Então como é que você diz que está descendo a ladeira?

– Isso, Ted, é uma coisa que outros não podem saber, mas eu sei – disse Morrie com um suspiro.

No desenrolar da conversa isso ficou evidente. Ele não movimentava as mãos para acentuar uma ou outra frase, como fizera no primeiro programa. Agora, tinha dificuldade em pronunciar certas palavras – o som da letra *l* ficava preso na garganta. Em mais alguns meses talvez perdesse a fala.

– Minhas emoções hoje são assim – disse ele a Koppel. – Quando recebo amigos, sinto-me animado. As relações afetuosas me sustentam. Mas tem dias em que me sinto deprimido. Não vou enganar você. Vejo certas coisas acontecendo e me vem uma sensação de pavor. O que é que vou fazer sem as mãos? Como será quando eu não puder mais falar? Não engolir não me preocupa muito, posso ser alimentado por um tubo. Mas a minha voz? As minhas mãos? São parte essencial de mim. Falo por meio de minha voz. Gesticulo com as mãos. É assim que me dou às pessoas.

– Como poderá dar-se quando perder a voz? – Koppel perguntou.

– Talvez as pessoas passem a me fazer perguntas cujas respostas sejam sim ou não – disse Morrie dando de ombros.

A resposta foi tão simples que Koppel sorriu. E perguntou sobre o silêncio, falou em um amigo de Morrie, um professor chamado Maurie Stein, que mandara os aforismos de Morrie para o *Boston Globe*. Trabalharam juntos na Brandeis desde o começo da década de 1960. Stein estava ficando surdo. Koppel imaginou os dois juntos um dia, um incapaz de falar, o outro incapaz de ouvir. Como seria isso?

– Nos daremos as mãos e muito afeto passará entre nós. Eu e Stein somos amigos há 35 anos, Ted. Não é preciso falar nem ouvir para conservar essa amizade.

Morrie leu para Koppel uma carta que havia recebido. Desde o primeiro programa, a correspondência de Morrie aumentara consideravelmente. No meio dela chegou uma carta de uma professora primária da Pensilvânia, que lecionava numa classe especial de nove crianças, todas órfãs de pai ou mãe.

– Esta foi a resposta que mandei para ela – disse Morrie colocando desajeitadamente os óculos. – "Prezada Barbara... Fiquei muito comovido com sua carta. Considero muito importante o trabalho que você faz com as crianças que perderam a mãe ou o pai. Eu também fiquei órfão quando era pequeno..."

De repente, com as câmeras ainda ligadas, Morrie ajustou os óculos. Parou, mordeu o lábio e soluçou. Seus olhos se encheram de lágrimas.

– "Perdi minha mãe quando eu era criança... foi muito difícil para mim. Quem me dera eu tivesse então um grupo como o de vocês, com o qual pudesse falar de minha tristeza. Teria entrado para esse grupo porque..." – sua voz falhou – "... porque me sentia muito só."

– Morrie, sua mãe morreu há setenta anos – disse Koppel. – Você ainda sente a perda?

– E como! – respondeu Morrie.

O professor

Ele tinha 8 anos. O hospital mandou um telegrama, e como o pai, imigrante russo, não sabia inglês, Morrie teve de dar a notícia da morte de sua mãe, lendo a comunicação como um estudante na frente da classe. "Lamentamos informar..."

Na manhã do enterro, os parentes de Morrie desceram os degraus da casa de cômodos numa rua pobre de Manhattan. Os homens vestidos de escuro, as mulheres usando véus. As crianças da redondeza iam para a escola e, quando passavam, Morrie baixou os olhos, envergonhado de ser visto naquela situação pelos colegas. Nesse momento, uma tia, mulher de corpo atarracado, agarrou-o e começou a carpir: "O que vai ser de você sem sua mãe! Oh, Deus, o que vai ser de você!"

Morrie caiu no choro. Os colegas saíram correndo.

No cemitério, ele ficou olhando os coveiros jogarem terra em cima do caixão. Tentou rememorar os poucos momentos de ternura que tivera com a mãe. Ela tomava conta de uma loja de doces antes de adoecer; depois, passava a maior parte do tempo dormindo ou sentada na frente da janela, abatida, cansada. Às vezes, chamava o filho para lhe dar remédios, e o pequeno Morrie, jogando bola na rua, fingia não ouvir, imaginando que, fechando os ouvidos, a doença iria embora.

O pai, a quem chamavam Charlie, imigrara para os Estados Unidos fugindo do exército russo. Foi trabalhar no ramo de peles, mas frequentemente ficava desempregado. Sem instrução e quase não falando inglês, vivia em extrema pobreza, e a família dependia da assistência pública a maior parte do tempo. Moravam num espaço escuro, entulhado e depressivo no fundo da loja de doces. Não tinham conforto. Não tinham carro. Às vezes, para conseguir algum trocado, Morrie e o irmão mais novo, David, lavavam degraus de alpendres por alguns níqueis.

Depois da morte da mãe, os dois meninos foram mandados para um hotelzinho numa mata de Connecticut, onde várias famílias ocupavam uma cabana grande e usavam uma cozinha coletiva. O ar puro poderia fazer bem aos dois irmãos, pensaram os parentes. Morrie e David, que nunca tinham visto tanto verde, corriam e brincavam nos campos. Uma noite, depois do jantar, saíram para um passeio e começou a chover. Em vez de voltarem, ficaram horas brincando na chuva.

Na manhã seguinte, mal acordou, Morrie pulou da cama.

– Vamos – disse ao irmão. – Levante-se.

– Não posso.

– Como não pode?

– Não posso... me mexer – disse David, com o pânico estampado no rosto.

Tinha contraído poliomielite.

Obviamente não fora consequência da chuva. Mas uma criança da idade de Morrie não entendia isso. Durante muito tempo – enquanto o irmão entrava e saía de uma instituição médica e era obrigado a usar braçadeiras nas pernas, que o deixavam manco – Morrie sentiu-se culpado.

Por isso, de manhã ia à sinagoga – sozinho, porque o pai não era religioso – e ficava em pé entre os homens que se balançavam de um lado para o outro com seus paletós pretos compridos e pedia a Deus que cuidasse da mãe morta e do irmão doente.

À tarde ficava ao pé dos degraus do metrô vendendo revistas, e tudo o que ganhava entregava à família para comprar comida. À noite, ficava olhando o pai comer em silêncio, esperando – mas nunca recebendo – uma demonstração de afeto, comunicação, calor.

Aos 9 anos, tinha a impressão de estar carregando nas costas o peso de uma montanha.

Mas no ano seguinte a vida de Morrie recebeu um abraço salvador na pessoa de sua madrasta, Eva. Era uma imigrante romena miudinha, de feições singelas, cabelo castanho anelado e a energia de duas mulheres. Eva tinha uma aura que aquecia a atmosfera cinzenta que o pai criava. Quando o novo marido ficava em silêncio, ela falava, e de noite cantava para os meninos. Morrie sentia-se confortado pela voz suave, pelas lições que ela ensinava, pelo caráter forte dela. Quando David voltou da instituição médica, ainda usando braçadeiras nas pernas, os dois irmãos dormiam juntos numa cama de enrolar na cozinha, e Eva desejava-lhes boa-noite com um beijo em cada um. Morrie aguardava esses beijos como um cachorrinho espera o seu prato de leite e sentia lá no fundo que tinha novamente uma mãe.

Mas a pobreza não os deixava. Já estavam morando no Bronx, num apartamento de um quarto num prédio de tijolos vermelhos da avenida Tremont, perto de uma cervejaria italiana onde os velhos jogavam bocha nas noites de verão. Por causa da Grande Depressão, o pai de Morrie enfrentava ainda maiores dificuldades de trabalho no ramo de peles. Às vezes, quando a família sentava-se à mesa, Eva só podia servir-lhes pão.

– Só isso? – perguntava David.
– Só – ela respondia.
Quando levava os dois meninos para a cama, Eva cantava para

eles em iídiche. As músicas também eram pobres e tristes. Tinha uma de uma menina que vendia cigarros.

Compre, compre meus cigarros
Estão sequinhos, não choveu neles
Tenha dó de mim, tenha dó de mim.

Apesar de toda essa dureza de vida, Morrie foi ensinado a amar e a se preocupar com os outros. E a estudar. Eva não aceitava notas abaixo de excelente, porque considerava a instrução o único antídoto da pobreza em que viviam. Ela também frequentava cursos noturnos para melhorar o seu inglês. A inclinação de Morrie para o estudo foi gerada nos braços da madrasta.

Ele também estudava de noite, sentado à mesa da cozinha, e de manhã ia à sinagoga rezar para a mãe o Yizkor, a prece judaica para os mortos. Fazia isso para manter viva a lembrança dela. Por incrível que pareça, o pai proibiu Morrie de falar na mãe. Queria que o pequeno David pensasse que Eva era sua verdadeira mãe.

Era um peso terrível para Morrie. Durante anos, a única ligação material que teve com a mãe foi o telegrama comunicando a morte dela. Telegrama que ele escondeu no dia em que o recebeu. E que guardaria pelo resto da vida.

Quando Morrie chegou à adolescência, o pai levou-o a visitar uma peleteria onde trabalhava. Isso durante a Depressão. O objetivo era conseguir trabalho para o filho.

Mal entrou na fábrica, Morrie sentiu-se emparedado. O ambiente era escuro e quente, as janelas, cobertas de poeira, as máquinas, bem encostadas umas nas outras, girando como rodas de trem. Pelos voavam, criando uma atmosfera densa, e os operários, encurvados sobre as agulhas, costuravam as peles, enquanto o capataz percorria as fileiras gritando com os homens para apressarem o ritmo. Morrie mal conseguia respirar. Mantinha-se ao lado do pai, tremendo de medo, pedindo a Deus que o capataz não gritasse com ele.

No intervalo do almoço, o pai levou Morrie ao capataz, praticamente empurrando-o, e perguntou ao homem se havia algum trabalho para o filho. Mas o trabalho mal chegava para os adultos e ninguém abria vaga.

Ouvindo isso, Morrie deu graças a Deus. Ele não tinha gostado nada daquele lugar. E ali mesmo fez um juramento que cumpriu até o fim da vida: jamais fazer qualquer trabalho que explorasse alguém e jamais pensar em ganhar dinheiro com o suor alheio.

– O que é que você vai fazer? – perguntava-lhe Eva.

– Não sei – ele respondia.

De advocacia nem queria saber, porque detestava advogados. De medicina também não, porque não podia ver sangue.

O que é que você vai fazer?

Foi por eliminação que o melhor professor que já tive entrou para o magistério.

"O professor se liga à eternidade;
ele nunca sabe onde cessa a sua influência."

– HENRY ADAMS

A quarta terça-feira

Falamos de morte

– Comecemos com esta ideia – disse Morrie. – Todo mundo sabe que vai morrer, mas ninguém acredita.

Nessa terça-feira ele estava muito despachado. O assunto era morte, o primeiro item de minha lista. Antes da minha chegada, Morrie tinha feito anotações em pedaços de papel para não esquecer. A letra tremida só podia ser decifrada por ele mesmo. Aproximava-se o 1º de setembro, que é o Dia do Trabalho em muitos estados americanos. Pela janela do escritório, eu via a cerca pintada de verde do quintal e ouvia os gritos das crianças que brincavam na rua, aproveitando a última semana de liberdade antes da volta às aulas.

Lá em Detroit os grevistas preparavam grande manifestação para mostrar a solidariedade dos sindicatos contra o patronato. No avião para Boston, eu tinha lido a história de uma mulher que matara o marido e duas filhas quando dormiam, para protegê-los da "gente má". Na Califórnia, os advogados que atuavam no caso O. J. Simpson estavam virando celebridades.

Aqui no estúdio de Morrie a vida era contada em dias preciosos. Sentamo-nos a pequena distância de um novo acréscimo ao ambiente: um aparelho de oxigênio. Era portátil, ficava na altura dos joelhos. Algumas noites, quando sentia dificuldade de respirar, Morrie colocava o comprido tubo de plástico no nariz e ele ficava preso nas narinas como sanguessuga. Não gostei de ver o meu velho professor ligado a uma máquina, fosse lá de quê; e evitei olhar para ela.

– Todo mundo sabe que vai morrer – repetiu Morrie –, mas ninguém acredita. Se acreditássemos, mudaríamos nosso comportamento.

– De maneira que nos iludimos a respeito da morte – sugeri.

– Isso. Mas há uma abordagem melhor. Saber que se vai morrer e *preparar-se* para receber a morte a qualquer momento. Assim é melhor. Assim, podemos ficar *mais* envolvidos com a vida enquanto vivemos.

– Como podemos nos preparar para morrer? – perguntei.

– Fazendo como os budistas. No começo de cada dia ter um passarinho pousado no ombro, que pergunta: "É hoje que vou morrer? Estou preparado? Estou fazendo tudo o que preciso fazer? Estou sendo a pessoa que quero ser?"

Virou a cabeça para o ombro, como se o passarinho estivesse lá.

– É hoje que vou morrer? – repetiu.

Morrie extraía ensinamentos de todas as religiões. Nasceu judeu, mas tornou-se agnóstico na adolescência, em parte por causa de tudo o que lhe acontecera quando criança. Apreciava alguns ensinamentos do budismo e do cristianismo, e culturalmente ainda se sentia à vontade no judaísmo. Era simplório em matéria de religião, o que fez dele um espírito ainda mais aberto para todos os alunos que teve. E o que dizia nos derradeiros meses de sua vida na Terra transcendia as diversidades religiosas. A morte consegue fazer isso.

– A verdade, Mitch, é que, quando se aprende a morrer, aprende-se a viver.

Concordei.

– Vou repetir – continuou. – Quando se aprende a morrer, aprende-se a viver – sorriu, e percebi o objetivo dele. Ele queria ter certeza de que eu absorvera esse ponto, sem me atrapalhar com perguntas. Foi esse método que, entre outras coisas, fez dele um bom professor.

– Você pensava muito na morte antes de ficar doente?

– Não – Morrie sorriu. – Eu era como todo mundo. Uma vez, eu disse a um amigo, num momento de entusiasmo, que ia ser o velho mais sadio do mundo!

– Que idade você tinha?

– Sessenta e poucos.

– Então, era otimista.

– E por que não? Como disse, ninguém acredita que vai morrer.

– Mas todo mundo conhece alguém que morreu. Por que é tão difícil pensar na morte?

– Ah, a maioria de nós anda em círculos, como sonâmbulos. Não experimentamos a vida em sua plenitude, porque vivemos semiadormecidos, praticando atos que automaticamente achamos que precisamos praticar.

– E encarar a morte muda tudo?

– Claro que muda. A pessoa descarta toda essa tralha e se concentra no que é essencial. Quando se descobre que se vai morrer, vê-se o mundo de maneira bem diferente – ele suspirou. – Como eu disse, aprenda a morrer e aprenderá a viver.

Notei que ele agora tremia quando mexia as mãos. Os óculos estavam pendurados no pescoço e, quando ele os pegou para pôr nos olhos, eles escorregaram, como se Morrie tivesse querido colocá-los em outra pessoa no escuro. Estiquei-me para ajudá-lo.

– Obrigado – ele sussurrou. Sorriu quando minha mão tocou-lhe a cabeça. O mais leve contato humano o alegrava.

– Posso lhe dizer uma coisa, Mitch?

– Claro, ora.

– Você pode não gostar.

– Por que não?

– Bem, a verdade é que, se você escutar mesmo o passarinho no seu ombro, *se aceitar a ideia de que pode morrer a qualquer momento,* então talvez você deixe de ser tão ambicioso.

Forcei um sorriso chocho.

– As coisas a que você dedica tanto tempo, todo esse trabalho que você faz, não parecerão tão importantes. Você poderá sentir a necessidade de abrir espaço para coisas mais espirituais.

– Coisas espirituais?

– Existe essa palavra, não existe? Espiritual. Você acha que é coisa de maricas.

– Bem...

Ele tentou piscar, não conseguiu, e eu não pude conter uma gargalhada.

– Mitch – disse ele rindo também –, nem eu mesmo sei o que significa ao certo "crescimento espiritual". Mas sei que somos deficientes em certo sentido. Vivemos muito enfronhados em coisas materialistas e elas não nos satisfazem. As relações afetivas que temos, o universo que nos cerca, tudo isso nos parece natural e óbvio. – Indicou com a cabeça a janela, por onde entrava o sol.

– Por exemplo, você pode ir lá fora, a qualquer momento. Pode correr em volta do quarteirão até ficar tonto. Eu não posso fazer nada disso. Não posso sair. Não posso correr. Não posso estar lá fora sem sentir receio de ficar doente. Mas sabe de uma coisa? *Aprecio* esta janela mais do que você a aprecia.

– Aprecia a janela?

– É. Olho através dela todos os dias, noto a mudança nas árvores, vejo a força do vento. É como se eu visse o tempo literalmente passando na vidraça. E, como sei que o meu tempo está quase no fim, a natureza me atrai como se eu a estivesse vendo pela primeira vez.

Ele se calou e por um momento ficamos os dois só olhando a janela. Esforcei-me por ver o que ele via. Esforcei-me por ver o

tempo, as estações do ano, a minha vida passando em câmera lenta. Morrie abaixou um pouco a cabeça e pendeu-a para o ombro.
– É hoje, passarinho? É hoje? – perguntou.

Depois das entrevistas no *Nightline* começaram a chover cartas do mundo inteiro para Morrie. Quando se sentia disposto, ele sentava-se e ditava as respostas, que eram anotadas por amigos ou por pessoas da família, reunidos ali para as sessões de responder cartas.

Um domingo, quando os filhos Rob e Jon estavam em casa, todos se reuniram na sala de estar. Morrie ficava em sua cadeira de rodas, as pernas franzinas sob um cobertor. Quando sentia frio, alguém cobria-lhe os ombros com uma japona de náilon.

– Qual é a primeira carta? – pediu Morrie.

Um colega leu a mensagem de uma senhora chamada Nancy, cuja mãe morrera de esclerose lateral amiotrófica. Ela dizia quanto a mãe sofrera com a perda dos movimentos e como podia imaginar o que Morrie devia estar sofrendo.

Terminada a leitura da carta, Morrie fechou os olhos.

– Vamos começar assim: "Prezada Nancy, o caso de sua mãe me comoveu muito. E posso imaginar perfeitamente tudo o que você deve ter passado. Há tristeza e sofrimento de ambos os lados. Sofrer tem sido bom para mim e espero que tenha sido bom para você também."

– Talvez convenha mudar as últimas palavras – sugeriu Rob.

Morrie pensou por um instante, depois disse:

– Você tem razão. O que acha de "Espero que você descubra que o sofrimento tem poder de curar"? Fica melhor?

Rob concordou.

– Acrescente "Muito obrigado, Morrie" – disse.

Foi lida outra carta, essa de uma senhora chamada Jane, agra-

decendo-lhe pela inspiração que ele passara no *Nightline*. Referia-se a ele como profeta.
— É um elogio e tanto — disse um colega. — Profeta.
Morrie fez uma careta. Era evidente que ele não tinha gostado da comparação.
— Vamos agradecer pelo elogio. E dizer que fico contente por terem as minhas palavras significado alguma coisa para ela. E não se esqueça de acrescentar "Obrigado, Morrie".
Havia uma carta de um inglês que perdera a mãe e pedia a Morrie que o ajudasse a entrar em contato espiritual com ela. Um casal escrevera dizendo que pretendia ir a Boston de carro para conhecê-lo. Numa carta comprida, uma moça com diploma universitário contava a sua vida depois de formada e falava em assassinato-suicídio e três partos com natimortos. Falava da mãe que morrera de esclerose lateral. Ela, a filha, tinha medo de manifestar a mesma doença. E por aí afora. Quatro páginas.
Morrie escutou a longa e triste história. Quando a leitura chegou ao fim, ele perguntou:
— Como é que vamos responder?
O grupo ficou em silêncio. Por fim, Rob disse:
— Que tal "Obrigado por sua longa carta"?
Todos riram. Morrie olhou para o filho e seu rosto se iluminou.

O jornal ao lado da cadeira de Morrie trazia a foto de um jogador de beisebol de Boston sorrindo depois de fazer uma jogada decisiva. Com tantas doenças no mundo, Morrie foi ter uma que tem o nome de um atleta, pensei.
— Você se lembra de Lou Gehrig? — perguntei.
— *Eu me lembro dele no estádio se despedindo.*
— *Então você se lembra da frase famosa.*
— *Qual?*

– Vamos lá, Lou Gehrig! "Glória dos Yankees". As palavras que ecoam nos alto-falantes.
– Me ajude. Diga as palavras.
Pela janela aberta, escuto o barulho de um caminhão de lixo. Apesar do calor, Morrie usa mangas compridas, tem um cobertor sobre as pernas e o rosto pálido. A doença se apoderou dele.
Levanto a voz e imito Gehrig, no trecho em que as palavras ecoam das paredes do estádio. "Hoojee... eu me sinto... o hoomeem mais feliz... da face da Terra..."
Morrie fecha os olhos e aprova lentamente com a cabeça.
– É. Bem. Mas eu não disse isso.

A quinta terça-feira

Falamos de família

Era a primeira semana de setembro, a semana da volta às aulas, e, depois de 35 outonos consecutivos, o meu velho professor não tinha uma classe esperando-o no campus da universidade. Boston fervilhava de estudantes, carros parados em filas duplas nas ruas da vizinhança, descarregando bagagens. E Morrie no escritório de casa. Parecia errado, era como aqueles jogadores de futebol que se aposentam e precisam enfrentar o primeiro domingo em casa vendo televisão e pensando *eu ainda posso fazer isso*. Em conversas com esses antigos atletas aprendi que é melhor deixá-los em seu canto quando começa a temporada dos jogos. É melhor não dizer nada. Mas, também, eu não precisava lembrar a Morrie que o tempo dele estava se esgotando.

Em nossas conversas gravadas tínhamos passado dos microfones de mão – Morrie já tinha dificuldade de segurar qualquer coisa por muito tempo – para o novo microfone de lapela, usado pelo pessoal de televisão. Mas, como Morrie só usava camisas de algodão fino, que caíam soltas pelo corpo cada vez mais encolhido, o microfone ficava pendido e torcido e eu precisava ajustá-lo frequentemente. Pareceu-me que ele gostava disso, porque ficávamos perto, quase em contato, e a sua necessidade de aproximação física era cada dia maior. Quando me inclinava para ajeitar o microfone, ouvia o chiado do peito dele e a tossezinha abafada. Ele estalava os lábios antes de engolir.

– Muito bem, meu amigo. Do que é que vamos tratar hoje?
– Que tal falarmos de família?
– Família. – Refletiu por um instante. – Bom, a minha você está vendo nesta casa. – Indicou com a cabeça as fotografias nas estantes: ele, quando criança, com a avó; ele, quando rapaz, com o irmão, David; ele com a mulher, Charlotte; com os dois filhos, Rob, jornalista em Tóquio, e Jon, especialista em computador em Boston. – À luz de nossas conversas nestas últimas semanas, a família ganhou mais importância.

– A verdade é que não existe base – continuou –, não existe um fundamento sólido no qual as pessoas possam se apoiar hoje em dia, a não ser a família. Depois que adoeci, isso ficou claro para mim. Quem não tem o apoio, o amor, os cuidados de uma família, não tem muito com que contar. O amor é supremamente importante. Como disse o nosso grande poeta, Auden: "Amem-se uns aos outros ou pereçam."

– Amem-se uns aos outros ou pereçam. – Tomei nota. – Auden disse isso?

– Amem-se uns aos outros ou pereçam – Morrie repetiu. – É bom, não acha? E é tão verdadeiro. Sem amor, somos pássaros de asas quebradas. Se eu fosse divorciado, ou vivesse sozinho, ou não tivesse filhos, esta doença seria muito mais difícil de suportar. Nem sei se conseguiria. Claro que receberia visitas, amigos, colegas, mas não seria o mesmo que ter pessoas que não vão embora. Não seria o mesmo que ter uma pessoa atenta tomando conta da gente, cuidando o tempo todo.

– Isso é parte do que significa a família – prosseguiu. – Não é só amor, é também fazer os outros saberem que tem alguém cuidando deles. Foi disso que senti tanta falta quando minha mãe morreu, falta do que eu chamo de "segurança espiritual", de saber que existe uma família cuidando sempre da gente. Nada substitui isso. Nem dinheiro. Nem fama. – Nesse ponto ele olhou para mim e acrescentou: – Nem trabalho.

Constituir uma família era um dos itens da minha listinha das coisas que a gente quer alcançar antes que seja tarde. Comentei com Morrie o dilema da minha geração: ter ou não ter filhos, que geralmente considerávamos como entraves, como forças que nos empurram para o papel de "pai" que não queremos assumir. Admiti abrigar alguns desses sentimentos.

Mas, quando olhei para o meu velho professor, imaginei como suportaria o vazio se estivesse na situação dele, nas portas da morte e sem família, sem filhos. Ele criou seus dois filhos e fez deles entes amorosos e dedicados que, como o pai, não se envergonhavam de mostrar afeto. Se Morrie quisesse, os filhos largariam tudo para passar cada minuto dos meses derradeiros de seu pai ao lado dele. Mas Morrie não queria isso.

– Não interrompam suas vidas – disse-lhes ele. – Se interromperem, essa doença terá arruinado três pessoas, em vez de uma.

Assim, mesmo estando à beira da morte, ele mostrou respeito pela vida dos filhos. Não admira que, quando eles estavam com o pai, havia entre os três muita afeição, muitos beijos, muitas piadas, muito contato físico, muito enlaçar de mãos.

– Sempre que me perguntam sobre ter ou não ter filhos, nunca digo o que devem fazer – disse Morrie olhando uma fotografia do filho mais velho. – Só digo que não existe emoção comparável à de ter filhos. Nada substitui essa experiência. Não se pode experimentá-la com um amigo. Não se pode experimentá-la com uma amante. Quem quiser experimentar a emoção de assumir responsabilidade total por outro ser humano, e aprender a amar e se dedicar no grau mais alto, precisa ter filhos.

– Quer dizer então que faria tudo de novo? – perguntei.

Olhei a foto. Rob beijando Morrie na testa, Morrie rindo de olhos fechados.

– Se eu faria tudo de novo? – perguntou ele, surpreso. – Mitch, eu não trocaria essa experiência por nada. Mesmo levando em conta... – Engoliu em seco e soltou a fotografia no colo. – Mesmo levando em conta o preço, que é doloroso.

– Porque vai deixá-los.

– Porque vou deixá-los *em breve*.

Apertou os lábios, fechou os olhos e vi a primeira lágrima escorrendo por seu rosto.

– Agora você fala – disse ele em voz baixa.

– Eu?

– De sua família. Conheço seus pais. Estive com eles há anos, na formatura. Você tem uma irmã também, não?

– Tenho.

– Mais velha?

– É.

– E um irmão.

Confirmei.

– Mais novo?

– É.

– Como eu. Também tenho um irmão mais jovem.

– Como você.

– Ele também esteve na formatura, não esteve?

Pisquei, e me veio a imagem de nós todos lá, há dezesseis anos, o sol quente, as togas azuis, nos olhando de esguelha quando nos enlaçávamos para fotos de Instamatic, alguém dizendo "um, dois, três...".

– Que foi? – perguntou Morrie notando o meu súbito silêncio.

– Está pensando em quê?

– Em nada – respondi, mudando de assunto.

A verdade é que tenho mesmo um irmão. De cabelo louro, olhos castanhos, dois anos mais novo, tão diferente de mim e de minha irmã, de cabelo escuro, que costumávamos implicar com ele dizendo que uns estranhos o haviam largado quando bebê em nossa porta e que um dia voltariam para buscá-lo. Ele chorava, mas nós continuávamos com a brincadeira. Ele cresceu como crescem muitos caçulas, paparicado, adorado e no íntimo torturado. Sonhava ser ator ou cantor, imitava números de televisão à mesa do jantar, fazia qualquer dos papéis, o lindo sorriso praticamente estourando nos lábios. Eu era o bom aluno, ele, o mau; eu era obediente, ele, indisciplinado; eu não me envolvia com drogas nem bebidas, ele experimentava tudo que pode ser ingerido. Foi viver na Europa logo depois de terminar o segundo grau. Preferia o estilo de vida mais solto dos europeus. Não obstante, continuou sendo o preferido da família. Quando vinha nos visitar, eu me sentia reservado e conservador diante de sua presença descontraída e brincalhona.

Sendo nós dois tão diferentes um do outro, eu imaginava que nossos destinos seguiriam rumos opostos quando chegássemos à maioridade. Acertei em tudo, menos num ponto. Desde o dia da morte de meu tio fiquei achando que eu teria morte semelhante, apanharia uma doença prematura que me levaria depressa. Por isso passei a trabalhar em ritmo febril e me preparei para um câncer. Quase que sentia o hálito dele. Sabia que o câncer estava próximo. Esperei por ele como um condenado espera a execução.

E ele veio mesmo.

Mas não para mim.

Pegou o meu irmão.

O mesmo tipo de câncer que levou meu tio: o de pâncreas.

Forma rara. Assim, o caçula de nossa família, o de cabelo louro e olhos castanhos, recebeu a quimioterapia e as radiações. Os cabelos dele caíram, o rosto parecia o de um esqueleto. *Devia ser eu*, eu pensava. Mas meu irmão não era eu e não era meu tio. Era um lutador desde novo, quando lutávamos no porão e ele mordia meu pé calçado até eu gritar de dor e soltá-lo.

Assim, ele revidou. Batalhou contra a doença na Espanha, onde morava, ajudado por uma droga experimental que não se encontrava – e ainda não se encontra – nos Estados Unidos. Viajou por toda a Europa em busca de tratamentos. Depois de cinco anos de tratamento, a droga pareceu derrotar o câncer.

Essa foi a boa notícia. A má foi que meu irmão não me queria por perto – nem eu nem ninguém da família. Por mais que tentássemos visitá-lo, ele nos mantinha a distância, dizendo que era um problema que ele precisava enfrentar sozinho. Passávamos meses sem notícia dele. Recados deixados na secretária eletrônica ficavam sem resposta. Eu sofria por me sentir culpado de não estar fazendo alguma coisa por ele, e ao mesmo tempo sentia raiva por ele nos negar o direito de ajudá-lo.

Assim, uma vez mais mergulhei no trabalho. Trabalhava porque podia comandar o trabalho. Trabalhava porque o trabalho me obedecia e me aliviava. Cada vez que telefonava para meu irmão na Espanha e falava com a secretária eletrônica – ela atendendo em espanhol, outra prova de quanto eu e ele havíamos nos afastado um do outro –, eu desligava e ia trabalhar mais.

Talvez tenha sido por isso que me aproximei de Morrie. Ele me deixava chegar aonde meu irmão não deixava.

Em retrospecto, talvez Morrie sempre tivesse sabido disso.

Um inverno de minha infância. Uma elevação coberta de neve na zona onde morávamos. Eu e meu irmão estamos

num pequeno trenó, eu embaixo, ele em cima de mim. Sinto o queixo dele em minhas costas e os pés nos meus calcanhares. O trenó desliza pela neve abaixo de nós. Ganhamos velocidade na descida.

– CARRO! – grita alguém.

Vemos o carro descendo a rua à nossa esquerda. Gritamos e tentamos nos desviar, mas o trenó não obedece. O motorista aperta a buzina e pisa forte nos freios, e nós fazemos o que todo garoto faz: pulamos fora do trenó. Em nossos casacos, rolamos como toras de madeira pela neve fria, esperando ser atingidos pelos pneus duros do carro. Gritamos pra valer, apavorados, rolando e rolando, o mundo de cabeça para baixo, para cima, para baixo.

E, então, nada. Paramos de rolar, tomamos fôlego e limpamos a neve do rosto. O motorista desce a rua, sacudindo o dedo para nós. Estamos salvos. Nosso trenó parou tranquilo num barranco de neve, e nossos amigos nos abraçam dizendo "legal" e "podiam ter morrido".

Sorrio para meu irmão, e nos sentimos unidos pelo orgulho infantil. Não foi tão sério, pensamos, estamos prontos para enfrentar de novo a morte.

A sexta terça-feira

Falamos de emoções

Passei pelos loureiros do monte e pelo bordo japonês e subi os degraus de pedra azul da casa de Morrie. A calha branca parecia uma pálpebra sobre a porta. Toquei a campainha e fui recebido não por Connie, mas pela mulher de Morrie, Charlotte, bonita, de cabelo grisalho, que falava com voz cadenciada. Geralmente, ela não estava em casa quando eu chegava – continuava trabalhando no Massachusetts Institute of Technology, como queria Morrie –, por isso fiquei surpreso de vê-la aquele dia.

– Morrie não está passando bem hoje – disse ela.

Olhou por cima de meu ombro por um instante, depois caminhou para a cozinha.

– Que pena – lamentei.

– Não, não. Ele vai gostar de ver você. Tenho certeza...

Parou no meio da frase, virou um pouco a cabeça, procurando escutar alguma coisa. Logo continuou:

– Tenho certeza de que ele vai se sentir melhor quando souber que você chegou.

Ergui as sacolas do mercado.

– Minhas compras habituais – falei, brincando. Ela sorriu, mas me pareceu meio aborrecida.

– Já temos comida demais. Ele não comeu nada do que você trouxe da última vez.

Fiquei surpreso.
— Não comeu nada?
Ela abriu a geladeira e vi as embalagens de salada de frango, aletria, legumes, abóbora recheada que eu havia levado na semana anterior. No congelador ainda havia mais coisas.
— Morrie não pode comer essas coisas, tem dificuldade de engolir. Agora, ele só come alimentos pastosos e líquidos.
— Ele nunca me disse isso.
— Ele não quer desapontar você – disse Charlotte sorrindo.
— Eu não ficaria desapontado. Apenas queria ajudar em alguma coisa... quero dizer, trazer-lhe alguma coisa...
— Você *tem* lhe trazido alguma coisa. Ele aguarda ansioso as suas visitas. Diz que precisa desenvolver esse projeto com você, que precisa se concentrar e reservar tempo para isso. Suas conversas dão um sentido aos dias dele...

Mais uma vez ela lançou aquele olhar distante de quem quer passar de uma coisa a outra. Eu sabia que as noites de Morrie estavam ficando difíceis, ele não dormia, e consequentemente Charlotte também não. Às vezes, ele tossia durante horas, tentando tirar o catarro da garganta. Agora, ele tinha enfermeiros à noite, e durante o dia a visita de amigos, antigos alunos, professores, instrutores de meditação entrando e saindo. Havia dias em que ele recebia uma meia dúzia de visitas, que ficavam até Charlotte voltar do trabalho. Ela não perdia a paciência, mas toda essa gente de fora tirava dela os preciosos minutos que poderia passar com Morrie.
— ... um sentido – repetiu ela. — Isso é bom.
— Espero que sim.

Ajudei-a a guardar a comida na geladeira. Na bancada da cozinha havia uma variedade de anotações, mensagens, informações, recomendações médicas. Na mesa, mais vidros de comprimidos do que nunca – Celestone para asma, Ativan para dormir, Naproxen para infecções –, além de complexos lácteos em pó e laxativos. Da sala de entrada ouvimos o ruído de uma porta se abrindo.

– Talvez ele esteja livre. Vou ver.

Charlotte deu mais uma olhada na comida que eu tinha levado – e de repente me senti um idiota. Todas aquelas coisas que Morrie jamais iria provar.

Os horrores da doença aumentavam. Quando me sentei diante de Morrie, ele tossia mais que de costume, uma tosse seca, que sacudia o peito e forçava a cabeça para a frente. Depois de um ataque violento, ele fechou os olhos e respirou fundo. Fiquei esperando, pois achei que ele estivesse se recuperando do esforço.

– O gravador está ligado? – perguntou ele de repente, ainda de olhos fechados.

– Está – respondi, apertando as teclas *play* e *record*.

– O que estou fazendo agora – disse ainda com os olhos fechados – é me desapegando da experiência.

– Se desapegando?

– É. E isso é importante, não só para uma pessoa como eu, que está morrendo, mas para pessoas como você, que gozam de perfeita saúde. Aprender a se desapegar. – Abriu os olhos. Expirou. – Sabe o que dizem os budistas? Não se prenda às coisas, porque tudo é transitório.

– Espere aí. Você sempre falou em experimentar a vida. Todas as emoções boas, todas as más.

– Verdade.

– Mas como fazer isso se desapegando?

– Ah. Você está pensando, Mitch. Mas desapego não significa impedir que a experiência nos *penetre*. Pelo contrário, deixamos que ela nos penetre em *plenitude*. Só assim podemos nos desapegar.

– Estou perdido.

– Tome qualquer emoção: amor por uma mulher, sofrimento por um ente querido, ou isso por que estou passando, medo e dor causados por uma doença mortal. Se você bloquear suas emoções, se não se permitir ir fundo nelas, nunca conseguirá se desapegar, estará muito ocupado em ter medo. Terá medo da dor, medo do sofrimento. Terá medo da vulnerabilidade que o amor traz com ele. Mas atirando-se a essas emoções, mergulhando nelas até o fim, até se afogar nelas, você as experimenta em toda a plenitude, completamente. Saberá o que é dor. Saberá o que é amor. Saberá o que é sofrimento. Só então poderá dizer "muito bem, experimentei essa emoção. Eu a reconheço. Agora preciso me desapegar dela por um momento".

Morrie calou-se e olhou bem para mim, talvez querendo se certificar de que eu estava entendendo.

– Sei que você está pensando que isto é só em relação à morte – continuou –, mas é como venho lhe dizendo. Quando se aprende a morrer, aprende-se a viver.

Morrie falou sobre seus momentos mais apavorantes, quando sentia o peito opresso, ou quando ficara sem saber de onde viria a respiração seguinte. Foram momentos horripilantes, disse, e suas primeiras sensações eram de pavor e angústia. Mas quando reconheceu a natureza dessas emoções, a tessitura delas, o frio, o arrepio na espinha, o lampejo de calor que percorre o cérebro – aí pôde dizer "O.k., isso é medo. Afaste-se dele. Afaste-se".

Pensei nas muitas vezes em que essa atitude é necessária na vida diária. Como nos sentimos sozinhos, às vezes a ponto de chorar, mas não deixamos as lágrimas saírem porque achamos que chorar não fica bem. Ou quando sentimos uma onda de amor por alguém, mas não a revelamos porque o medo do que a revelação pode causar ao relacionamento nos paralisa.

A visão de Morrie era justamente o oposto. Abrir a torneira.

Banhar-se na emoção. Não faz nenhum mal. Só fará bem. Se deixarmos o medo lá dentro, se o vestirmos como quem veste uma camisa, podemos dizer "muito bem, é só medo, não vou deixar que ele me domine. É só medo e nada mais".

O mesmo se aplica à solidão. Abra-se, deixe as lágrimas correrem, sinta a solidão em sua plenitude, e chegará o momento de se poder dizer "muito bem, esse foi o meu momento de solidão, não tenho medo de me sentir solitário, mas agora vou afastar essa solidão do meu caminho e reconhecer que existem outras emoções no mundo e que quero experimentá-las também".

– Desapegue-se – repetiu Morrie.

Fechou os olhos, tossiu.

Tossiu mais uma vez.

Mais uma, mais alto.

De repente, estava quase sufocado, a congestão dos pulmões o atacava, subindo à garganta e regredindo, tomando-lhe o fôlego. Sacudiu as mãos na frente do corpo, de olhos fechados – parecia um possesso –, e percebi que a minha testa porejava. Instintivamente, puxei-o para a frente e bati nas costas dele com a palma da mão. Ele levou um lenço de papel à boca e expeliu uma bola de catarro.

A tosse cessou, ele reclinou-se novamente nas almofadas, ofegante.

– Está bem agora? – perguntei, tentando disfarçar o medo.

– Estou... estou – respondeu num murmúrio, levantando um dedo trêmulo. – Um minutinho, por favor.

Ficamos ali calados, até que a respiração dele voltou ao normal. Eu suava na cabeça. Ele me pediu que fechasse a janela, a brisa o incomodava. Eu não lhe informei que a temperatura lá fora era de 26 graus.

Por fim, ele disse, em voz muito fraca:

– Sei como quero morrer.

Esperei calado.

– Quero morrer serenamente. Tranquilamente. Não como aconteceu agora. E aí é que entra o desapego. Se eu morrer em meio a um ataque de tosse como esse, preciso estar em condições de me desapegar do horror, preciso poder dizer "este é o meu momento". Não quero sair do mundo em estado de pânico. Quero saber o que está se passando, aceitar, recolher-me a um lugar tranquilo e deixar acontecer. Está me entendendo?
Eu estava.
– Mas não se solte ainda – pedi.
Ele forçou um sorriso.
– Não. Ainda não. Temos um trabalho a fazer.

– Acredita em reencarnação? – pergunto.
– Talvez.
– Voltará como?
– Se puder escolher, como uma gazela.
– Gazela?
– É. Tão graciosa. Tão ligeira.
– Gazela?
– Acha estranho? – pergunta, sorrindo.

Olho o corpo encolhido, as roupas folgadas, os pés calçados de meias descansando duros em almofadas, incapazes de movimento, como os de um prisioneiro agrilhoado. Imagino uma gazela correndo no deserto.
– Não. Não vejo nada de estranho nisso – respondo.

89

O professor, segunda parte

O Morrie que eu conheci, o Morrie que tantos outros conheceram, não teria sido a pessoa que foi se não tivesse passado anos trabalhando em um sanatório de doentes mentais em Washington, D.C., que tinha o nome despistador de Sítio da Castanheira. Esse foi um dos primeiros trabalhos de Morrie depois de conseguir, a duras penas, um mestrado e um doutorado em Filosofia pela Universidade de Chicago. Tendo recusado Medicina, Direito e Administração de Empresas, decidira que o mundo da pesquisa seria um campo onde poderia trabalhar sem explorar os outros.

Recebeu uma bolsa para observar doentes mentais e registrar os tratamentos. Se hoje esse trabalho é corriqueiro, era pioneiro no começo dos anos 1950. Ele viu pacientes que gritavam o dia todo e pacientes que gritavam a noite toda. Pacientes que defecavam na roupa. Pacientes que recusavam alimentação e precisavam ser alimentados à força por via endovenosa.

Um dos pacientes, uma senhora de meia-idade, saía de seu quarto todos os dias e se deitava de bruços no piso de ladrilhos e assim ficava durante horas, enquanto médicos e enfermeiras andavam em volta. Morrie via isso horrorizado. Tomava notas, o que era especificamente o seu trabalho. Todos os dias, ela fazia o mesmo: saía do quarto de manhã, deitava-se no piso e lá ficava até o anoitecer. Não falava com ninguém, e ninguém lhe dava atenção. Isso mexia com Morrie, que passou a sentar-se no piso ao lado dela e até deitar-se também, tentando puxá-la para fora do seu tormento. Com o tempo, conseguiu que ela se sentasse e às vezes também que voltasse para o quarto. Descobriu que o que ela mais queria era o que a maioria das pessoas quer: que alguém a notasse.

Morrie trabalhou cinco anos no Sítio da Castanheira. Apesar de não ser um comportamento bem-visto pela direção, ele confraternizava com alguns doentes, entre esses uma senhora que brincava com ele dizendo que tivera muita sorte em ir parar ali, "porque meu marido é rico e pode pagar. Já pensou se eu tivesse que ir para um manicômio barato?".

Outra senhora – que cuspia em todo mundo – apegou-se a Morrie e o chamava de amigo. Conversavam diariamente, e os médicos e atendentes ficaram animados por ver que alguém havia se aproximado dela. Um dia, ela fugiu, e pediram a Morrie que ajudasse a equipe a trazê-la de volta. Localizaram-na numa loja perto, escondida nos fundos. Quando Morrie entrou, ela olhou-o com raiva e disse:

– Quer dizer que você é um deles.
– Um de quem?
– Dos meus carcereiros.

Morrie notou que os pacientes, em sua maioria, eram pessoas abandonadas e esquecidas, tratadas como se não existissem. E eram carentes de compaixão – sentimento que médicos e atendentes evitavam demonstrar. E muitos pacientes eram originários de famílias ricas, mas a riqueza não lhes proporcionava felicidade nem bem-estar. Foi uma lição que Morrie jamais esqueceu.

Eu costumava brincar com Morrie dizendo que ele ficara

empacado nos anos 1960. Ele respondia que eles não foram tão ruins, comparados com a vida de hoje.

Depois do trabalho no sanatório de doenças mentais, ele foi para Brandeis, bem no fim dos anos 1950. Em poucos anos, o campus virou um viveiro de revolução cultural. Drogas, sexo, racismo, protestos contra a Guerra do Vietnã. Abbie Hoffman frequentou Brandeis. Jerry Rubin e Angela Davis, também. Nas classes de Morrie havia muitos estudantes "radicais".

Isso em parte porque, em vez de simplesmente ensinar, a Faculdade de Sociologia se envolveu. Era radicalmente contra a guerra, por exemplo. Quando os professores souberam que os alunos que não mantivessem determinado padrão médio de aproveitamento poderiam perder a condição de estudantes e ser convocados para o serviço militar, decidiram não atribuir notas. "Se vocês não derem notas a esses estudantes, todos serão reprovados", disse a administração. Morrie descobriu uma solução: dar nota máxima a todos. Foi o que fizeram os professores.

Da mesma forma que os anos 1960 abriram o campus, abriram também a cabeça do corpo docente do departamento de Morrie, desde os jeans e sandálias que passaram a usar ao conceito de sala de aula como lugar para se viver e respirar. Passaram a preferir debates a preleções, experiência a teorias. Mandaram estudantes ao Sudeste para desenvolver projetos de direitos civis, e a bairros decadentes, para trabalho de campo. Foram a Washington participar de manifestações de protesto, e Morrie sempre no ônibus com os estudantes. Numa dessas viagens, ele ficou encantado ao ver mulheres de saias esvoaçantes enfiarem amores-perfeitos nos fuzis dos soldados, depois sentarem-se no gramado e darem-se as mãos, tentando fazer levitar o Pentágono, sede do Departamento de Defesa.

– Não conseguiram levantar o edifício – disse ele depois –, mas valeu a tentativa.

Uma vez, um grupo de estudantes negros ocupou o Ford Hall,

no campus da Brandeis, e estenderam nele uma faixa com as palavras UNIVERSIDADE MALCOLM X. Ford Hall tinha laboratórios de Química, e alguns funcionários recearam que esses radicais estivessem fabricando bombas no porão. Morrie sabia que não. Sabia que se tratava apenas de seres humanos querendo sentir que tinham alguma importância.

A ocupação durou semanas e mais teria durado se Morrie não tivesse passado perto do edifício e sido reconhecido por um dos manifestantes, que gritou convidando seu professor preferido a entrar por uma janela.

Uma hora depois, Morrie saía pela janela com uma lista das reivindicações dos manifestantes. Levou a lista ao presidente da universidade e a situação amainou.

Morrie foi sempre um pacificador.

Na Brandeis, ele lecionou Psicologia Social, Doença e Saúde Mental, Processo de Trabalho em Grupo. As suas aulas tinham pouco do que hoje se chama "aptidões profissionais" e muito de "desenvolvimento pessoal".

Por isso, estudantes de Administração e de Direito hoje talvez considerassem Morrie um professor ingênuo. Quanto em dinheiro os alunos dele poderiam faturar? Quantas causas memoráveis poderiam ganhar?

Por outro lado, quantos estudantes de Administração ou de Direito visitam seus ex-professores quando deixam a universidade? Os alunos de Morrie o visitavam sempre. E nos últimos meses de sua vida centenas de ex-alunos o procuraram – de Boston, de Nova York, da Califórnia, de Londres, da Suíça, de escritórios de grandes empresas e de programas escolares de cidades do interior. Viajavam centenas de quilômetros para vê-lo, receber dele uma palavra, um sorriso.

Todos diziam que nunca tiveram outro professor como ele.

Ao mesmo tempo que continuo visitando Morrie, passei a ler sobre morte, e como a hora final é encarada em diferentes culturas. Por exemplo, no Ártico norte-americano vive uma tribo que acredita que todas as coisas que existem sobre a Terra têm uma alma em miniatura na forma do corpo que a abriga. Um veado tem um minúsculo veadinho dentro e o homem tem um homenzinho dentro de si. Quando o ser maior morre, a miniatura dele continua viva. Essa alminha pode se imiscuir em alguma coisa que esteja nascendo ali perto, ou ir para um período temporário de descanso no céu, no ventre de um espírito feminino grande, e fica esperando até que a Lua a mande de volta à Terra.

Às vezes, dizem, a Lua está tão ocupada com as almas novas do mundo que desaparece do céu. É por isso que temos noites sem Lua. Mas a Lua sempre volta, como acontece com todos nós.

Essa é a crença deles.

A sétima terça-feira

Falamos do medo de envelhecer

Morrie perdeu a batalha. Alguém já limpava a bunda dele. Ele enfrentou isso com sua bravura típica. Incapaz de alcançar o traseiro quando usava o vaso sanitário, comunicou a Connie essa sua última limitação.

– Fica encabulada de fazer isso por mim?

Ela disse que não.

Achei bem próprio dele fazer essa pergunta antes.

Leva um tempo para se acostumar, ele admitiu, porque de certa maneira representa uma completa rendição à doença. Os atos mais pessoais e básicos foram-lhe retirados – ir ao banheiro, assoar o nariz, lavar as partes íntimas. Com exceção de respirar e de engolir a comida, ele agora dependia de outros para quase tudo.

Perguntei-lhe como conseguia enfrentar isso.

– É engraçado, Mitch. Sendo uma pessoa independente, a minha inclinação seria resistir: precisar de ajuda para sair do carro, de ajuda para me vestir. Sentia-me um tanto acanhado, porque a nossa cultura diz que devemos nos envergonhar se não podemos limpar a bunda. Mas aí pensei: *Esqueça o que diz a cultura. Durante a maior parte de minha vida não dei bola à cultura. Não vou me sentir envergonhado. Por que me sentiria?*

– E sabe mais o quê? O mais estranho?

– O quê?

– Comecei a gostar da dependência. Gosto quando me viram de lado e passam creme na minha bunda para evitar as feridas. Ou quando enxugam minha testa, ou massageiam minhas pernas. Me deleito com isso. Fecho os olhos e usufruo plenamente. Tornou-se normal.

– É como voltar a ser bebê – continuou. – Alguém para me dar banho. Alguém para me erguer. Alguém para me limpar. Todos sabemos ser criança. Está dentro de nós. Para mim, é só lembrar como era agradável.

– A verdade é que, quando nossa mãe nos pegava, nos embalava, nos acariciava – disse ele –, sempre queríamos mais. Todos desejaríamos voltar àqueles dias em que éramos completamente cuidados. Amor incondicional, atenção incondicional. A maioria de nós ficou carente. Eu sei que fiquei.

Olhei para Morrie e percebi de imediato por que ele gostava tanto quando eu me debruçava para ajustar o microfone, ajeitar as almofadas, enxugar os olhos dele. O toque humano. Aos 78 anos, ele se dava como um adulto e recebia como uma criança.

Mais tarde, nesse mesmo dia, falamos de envelhecer. Ou, talvez deva dizer, do medo de envelhecer – outro item da lista de assuntos que incomodam a minha geração. Na viagem desde o aeroporto de Boston, contei os outdoors com gente jovem e bonita. Um mostrava um rapaz simpático de chapéu de cowboy fumando um cigarro, outro, duas moças lindas sorrindo para um vidro de xampu, o terceiro, uma adolescente espevitada com o jeans aberto na cintura, o seguinte, uma mulher insinuante vestida de veludo preto ao lado de um homem de smoking, cada um agarrado a um copo de uísque.

Não vi nenhum outdoor mostrando alguém de mais de 35 anos. Disse a Morrie que já me sentia ladeira abaixo, apesar de me esforçar desesperadamente para ficar no alto dela. Eu me exercitava com frequência. Tinha cuidado com o que comia. Vigiava as entradas do meu cabelo no espelho. Não me sentia mais ufano de revelar a minha idade – por ter realizado tanta coisa ainda jovem – e agora evitava falar nela por estar bem perto dos 40 e, consequentemente, me aproximando do esquecimento profissional.

Morrie envelhecera com uma perspectiva melhor.

– Essa ênfase toda na juventude não tem sentido para mim – disse ele. – Sei que ser jovem pode ser um problema e tanto, por isso não venha me dizer que é uma maravilha. Aqueles garotos todos que me procuraram com seus grilos, seus conflitos, seus desajustamentos, a sensação de que a vida é dura, tão difícil que pensavam em se matar...

– E, além de tudo isso, os jovens não têm sabedoria – prosseguiu. – Pouco compreendem da vida. Quem quer viver cada dia quando nem sabe o que está acontecendo? Quando somos manipulados, quando nos dizem para comprar tal perfume para ficar elegante, ou tal marca de jeans para ficar sexy? E quem dá essas sugestões tem crédito! É um tal absurdo.

– Você *nunca* teve medo de envelhecer?

– Mitch, eu acolho o envelhecimento.

– Acolhe?

– É muito simples. À medida que se cresce, aprende-se mais. Se ficássemos parados nos 22 anos, ficaríamos sempre ignorantes como quando tínhamos essa idade. Envelhecer não é só decair fisicamente. É crescer. É mais do que o fato negativo de que se vai morrer, é também o fato positivo de que se *compreende* que se vai morrer e que se pode viver melhor por causa disso.

– É – falei –, mas, se envelhecer fosse tão valioso, por que as pessoas vivem dizendo "Ah, se eu ainda fosse jovem..."? Nunca ouvimos ninguém dizer "Quem me dera já ter 65!".

Ele sorriu e acrescentou:
– Sabe o que significa isso? Vidas insatisfeitas. Vidas sem realizações. Vidas que não encontraram um sentido. Quem encontra um sentido para a vida não deseja voltar atrás. Deseja ir em frente. Quer ver mais, fazer mais. Não se pode ficar esperando chegar aos 65.
– Ouça – disse ele. – Você precisa saber uma coisa. Todas as pessoas mais jovens precisam saber disso. Quem passa o tempo batalhando contra o envelhecimento sempre será infeliz, porque o envelhecimento é inexorável. E, Mitch? – Ele abaixou a voz. – A verdade é que *você* vai morrer um dia.
Concordei.
– Não importa o que disser a si mesmo.
– Eu sei.
– Mas, felizmente, vai levar muito, muito tempo.
Fechou os olhos com uma expressão serena, depois me pediu que ajeitasse os travesseiros sob a cabeça. Seu corpo precisava mudar constantemente de posição para se sentir confortável. O corpo ficava calçado na cadeira com travesseiros brancos, espuma de borracha amarela e toalhas azuis. Visto de relance, parecia que Morrie estava acondicionado para ser despachado.
– Obrigado – murmurou, enquanto eu ajeitava os travesseiros.
– Tudo bem.
– O que é que você está pensando, Mitch?
Pensei um pouco antes de responder.
– O.k. Estou imaginando por que será que você não inveja pessoas mais jovens e de boa saúde.
– Bem, acho que invejo. – Fechou os olhos. – Invejo-os por poderem ir a uma academia de ginástica, ou a uma piscina. Ou dançar. Sobretudo dançar. Mas a inveja vem, eu a sinto e depois deixo-a ir. Lembra-se do que eu disse sobre desapego? Deixe pas-

sar. Diga a si mesmo "Isso é inveja. Vou me separar dela agora". E vire-lhe as costas.

Tossiu uma tosse prolongada, roufenha. Empurrou um lenço de papel até a boca e cuspiu fracamente nele. Sentado ali, eu me sentia tão mais forte do que ele, ridiculamente mais forte. Poderia erguê-lo facilmente e jogá-lo nas costas, como se fosse um saco de farinha. Senti-me envergonhado dessa superioridade, porque não me sentia superior a ele em nada mais.

– Como é que você evita invejar...
– O quê?
– ... uma pessoa como eu.

Ele sorriu.

– Mitch, é impossível a um velho não invejar um jovem. Mas a questão é aceitar o que somos e gostar. Você está no tempo dos seus 30. Eu já tive o meu tempo de ter 30 anos, e agora estou no tempo de ter 78. Precisamos descobrir o que existe de bom e verdadeiro e belo em cada fase de nossa vida. Olhar para trás estimula a competição. E idade não é assunto de competição.

Expirou e baixou os olhos, como se quisesse ver o ar expirado se espalhar no ar.

– A verdade é que cada parte minha tem todas as idades. Sou uma criança de 3 anos, uma de 5, um homem de 37, um de 50. Passei por todas essas idades e sei como é cada uma. Delicio-me em ser criança quando é apropriado ser criança. Delicio-me em ser um velho que sabe das coisas quando é apropriado ser um velho sábio. Imagine tudo o que posso ser! Sou todas as idades, da atual para baixo. Percebeu?

Respondi afirmativamente.

– Como posso invejar a fase em que você está hoje, se já estive nela?

*"O destino aniquila muitas espécies;
só uma ameaça a si mesma."*
– W. H. AUDEN, o poeta
preferido de Morrie

A oitava terça-feira

Falamos de dinheiro

Ergui o jornal para Morrie ler:

NÃO QUERO ESTE EPITÁFIO NO MEU TÚMULO: "NUNCA FUI DONO DE UMA REDE DE TV."

Ele riu, depois balançou a cabeça. O sol da manhã entrava pela janela atrás dele, iluminando as flores róseas do hibisco no parapeito. A frase era de Ted Turner, magnata da comunicação, fundador da CNN, ao lamentar o fracasso de sua tentativa de engolir a CBS numa megatransação empresarial. Levei o jornal para Morrie de manhã porque havia indagado a mim mesmo se, caso Turner se visse um dia na situação do meu velho professor, a respiração diminuindo, o corpo virando pedra, os dias riscados do calendário um a um, estaria ele preocupado em ser ou não dono de uma rede?

– É tudo o mesmo problema, Mitch – disse Morrie. – Colocamos os nossos valores em coisas erradas. Isso leva a uma vida de desilusões. Devíamos falar a respeito disso.

Morrie estava concentrado. Havia dias ruins e dias bons. Hoje era um dia bom para ele. Na noite anterior, ele recebera em casa um grupo local de canto e contou-me a história com entusiasmo, como se a visita tivesse sido dos famosos Ink Spots. O gosto de

Morrie pela música já era forte antes de ele adoecer, mas agora crescera de intensidade, a ponto de levá-lo às lágrimas. Às vezes, escutava ópera de noite, de olhos fechados, viajando nos crescendos e baixos das magníficas vozes.

– Você devia ter ouvido o grupo ontem, Mitch. Que som!

Ele sempre gostou de prazeres simples, cantar, rir, dançar. Agora, mais do que nunca, coisas materiais pouco ou nada significavam para ele. Quando alguém morre, sempre ouvimos a expressão "da vida nada se leva". Morrie sabia disso há muito tempo.

– Temos uma forma de lavagem cerebral em nosso país – disse suspirando. – Sabe como se lavam cérebros? Repete-se uma coisa constantemente. É isso que fazem em nosso país. Possuir coisas é bom. Mais dinheiro é bom. Mais posses é bom. Mais consumo é bom. *Mais é bom. Mais é bom.* Repetimos isso, e nos repetem isso constantemente, até ninguém sequer pensar em pensar diferente. O cidadão comum fica tão zonzo com tudo isso que perde a perspectiva do que é verdadeiramente importante. Em toda parte por onde andei, conheci pessoas querendo abocanhar alguma coisa. Abocanhar um carro novo. Uma nova propriedade. O brinquedinho mais recente. Depois que abocanham, precisam contar aos outros: "Sabe o que comprei? Adivinhe o que comprei."

– Sabe como sempre interpretei isso? – indagou. – São pessoas tão famintas de amor que aceitam substitutos. Abraçam coisas materiais e ficam esperando que essas coisas retribuam o abraço. Nunca dá certo. Não se pode substituir amor, ou suavidade, ou ternura, ou companheirismo, por coisas materiais.

– Dinheiro não substitui ternura, poder não substitui ternura – continuou. – Escreva o que estou dizendo, sentado aqui perto da morte: quando mais se precisa dos sentimentos que nos faltam, nem dinheiro nem poder nos podem dá-los, não importa quanto dinheiro nem quanto poder possuímos.

Corri os olhos pelo estúdio. Era o mesmo de quando estive ali pela primeira vez. Os livros ocupavam os mesmos lugares nas estantes. Os papéis se amontoavam na mesma escrivaninha antiga. As outras peças da casa não tinham recebido melhorias nem acréscimos. Morrie nada tinha comprado – a não ser equipamentos médicos – no decorrer de muito tempo, talvez anos. No dia em que soube que sofria de uma doença incurável, Morrie perdeu o interesse por seu poder aquisitivo.

Por isso, a televisão era o mesmo modelo antigo, o carro que Charlotte dirigia era o mesmo modelo antigo, a louça, as baixelas, as toalhas – tudo era antigo. No entanto, a casa tinha se transformado drasticamente. Enchera-se de amor, ensinamentos, comunicabilidade. Enchera-se de amizade, da família, de honestidade e de lágrimas. Enchera-se de colegas, alunos, professores de meditação, terapeutas, enfermeiras e grupos de canto. Em sentido muito real, transformara-se em uma casa saudável, apesar de os recursos financeiros de Morrie estarem se esgotando.

– Tem havido enorme confusão neste país quanto àquilo que queremos, em face do que precisamos – disse Morrie. – Precisamos de alimento, e *queremos* um sorvete de chocolate. Precisamos ser honestos com nós mesmos. Ninguém *precisa* do último carro esporte, ninguém *precisa* daquela casa maior. Essas coisas não trazem satisfação. Sabe o que realmente traz satisfação?

– O quê?

– Oferecer aos outros o que temos para dar.

– Parece conversa de escoteiro.

– Não falo de dinheiro, Mitch. Falo de tempo útil. Do interesse por outros. De contar-lhes histórias. Não é tão difícil. Abriram aqui perto um centro para a terceira idade. Dúzias de idosos vão a ele todos os dias. Qualquer jovem, homem ou mulher que domine um conhecimento é convidado a ir lá ensiná-lo. Computação, por exemplo. Você vai lá e ensina computação. Será recebido de braços abertos. E eles ficam muito agradecidos. É assim que se começa a inspirar respeito, oferecendo alguma coisa que se tem.

– Há muitos lugares onde se pode prestar esses serviços – disse ele. – Não é preciso ser craque em algum ramo. Existe gente solitária em hospitais e abrigos que só almeja companhia. Quem joga baralho com um velhinho solitário adquire um novo respeito por si mesmo. Porque tornou-se necessário.

– Lembra-se do que eu disse a respeito de achar um sentido para a vida? – indagou. – Tomei nota, mas já sei de cor: dedique-se a amar os outros, dedique-se à sua comunidade, empenhe-se em criar alguma coisa que dê sentido e significado à sua vida.

– Notou – acrescentou sorrindo – que não se fala aí de salário?

Rabisquei em um bloco amarelo algumas das coisas que ele dizia. Fiz isso mais para impedir que ele visse os meus olhos, percebesse o que eu estava pensando. Que eu, na maior parte do tempo, depois da formatura, corri atrás de tudo o que ele vinha condenando – brinquedos mais vistosos, casa melhor. Por trabalhar entre atletas ricos e famosos, convenci-me de que minhas necessidades eram reais, minha ambição inconsequente comparada com a deles.

Era uma cortina de fumaça. Que Morrie me fez perceber.

– Mitch, se você está querendo se exibir para pessoas que estão por cima, desista. Faça o que fizer, elas olharão para você com superioridade. E, se está querendo se exibir para os que estão por baixo, desista também. Eles invejarão você, só isso. Posição não leva a nada. Só um coração aberto permite à pessoa flutuar em igualdade entre os semelhantes.

Fez uma pausa, olhou para mim.

– Estou morrendo, certo?

– Certo.

– Por que acha que é tão importante para mim escutar os problemas dos outros? Já não estou carregado de dor e sofrimentos? É claro que estou. Mas doar-me a outros é o que me faz sentir vivo. Não é a minha casa nem o meu carro. Não é o que o espelho me mostra. Quando doo o meu tempo a alguém, quando consigo fazer alguém que está triste sorrir, sinto-me quase tão sadio como fui antes.

– Faça aquilo que vem do coração – disse ele. – Fazendo, não ficará insatisfeito, não sentirá inveja, não estará aspirando a bens que pertencem a outros. Pelo contrário, ficará assombrado com o que receberá de volta.

Tossiu e estendeu a mão para pegar a sineta que ficava na cadeira. Conseguiu tocá-la algumas vezes, mas não conseguiu pegá-la. Apanhei-a e a pus na mão dele.

Morrie agradeceu em voz baixa e sacudiu a campainha fracamente para chamar Connie.

– Será que esse cara, Ted Turner, não poderia achar outra frase para o seu epitáfio?

"Toda noite, quando vou dormir, morro.
E, na manhã seguinte, quando acordo, renasço."
– MAHATMA GANDHI

A nona terça-feira

Falamos da permanência do amor

As folhas começaram a mudar de cor, fazendo do caminho de West Newton uma pintura em ouro e vermelho. Em Detroit, a guerra trabalhista havia estagnado, cada lado acusando o outro de não querer se comunicar. O noticiário da televisão era igualmente desanimador. No interior de Kentucky, três homens jogaram pedaços de pedra por cima do gradil de um elevado, quebrando o para-brisa de um carro que passava e matando uma adolescente que ia com a família numa romaria religiosa. Na Califórnia, o julgamento de O. J. Simpson aproximava-se do fim, e o país inteiro estava vidrado no assunto. Até nos aeroportos havia aparelhos de televisão pendurados, ligados na CNN, para que os passageiros a caminho dos portões de embarque pudessem se atualizar.

Eu tinha tentado ligar para meu irmão na Espanha várias vezes. Deixei recados dizendo que queria muito falar com ele, que havia pensado muito sobre nós dois. Semanas depois, recebi breve mensagem dizendo que estava tudo bem e que ele sentia muito, mas não queria falar sobre a sua doença.

Para o meu velho professor, falar de sua doença não o incomodava; o que o incomodava era estar doente. Depois da minha última visita, uma enfermeira havia introduzido uma sonda no pênis dele para drenar a urina para uma bolsa que ficava ao pé da cadeira. As pernas dele requeriam cuidado constante (ele ainda sentia dor, apesar de não poder mais mexê-las, outra ironia cruel da ELA), e, se os pés não ficassem a determinada altura dos calços de espuma, era como se alguém o estivesse espetando com um garfo. Em meio a uma conversa, Morrie, às vezes, precisava pedir à visita que lhe erguesse o pé e o deslocasse dois ou três centímetros para a direita ou para a esquerda, ou a cabeça um tantinho também, para que ela repousasse confortavelmente no centro do travesseiro. Pode-se bem imaginar o que significa não ser capaz de mexer a própria cabeça.

A cada nova visita, ele me dava a impressão de estar se dissolvendo na cadeira, a coluna tomando a forma do assento. Mesmo assim, toda manhã insistia em ser retirado da cama e levado na cadeira para o estúdio, sendo lá instalado entre os seus livros e escritos e o hibisco no parapeito da janela. À sua maneira, ele via algo de filosófico nisso.

– Incluo isso no meu mais recente aforismo – disse.
– Quero ouvi-lo.
– Quando deitamos, ficamos mortos.

Sorriu. Só mesmo Morrie podia sorrir em semelhante situação.

A equipe do *Nightline* e o próprio Ted Koppel telefonavam frequentemente para ele.

– Querem fazer outro programa comigo. Mas dizem que vão esperar.

– Esperar o quê? Os seus derradeiros momentos?
– Quem sabe? Seja como for, não vai demorar.
– Não fale assim.
– Desculpe.
– Não entendo isso de eles esperarem até você chegar às últimas.
– Você não entende porque cuida de mim.

Sorriu e acrescentou:

– Mitch, eles podem estar me usando para uma pecinha dramática. Não faz mal. E se eu também estiver usando-os? Eles passam minha mensagem a milhões de pessoas. Eu não poderia fazer isso sem eles. É uma espécie de barganha.

Tossiu, e a tosse transformou-se em longo gargarejo arrastado, que terminou com outra bola de catarro num lenço de papel.

– Disse a eles que não esperassem muito, porque, se demorassem, eu poderia não ter mais voz. Quando esse negócio chegar a meus pulmões, dificilmente conseguirei falar. Agora, quando falo muito, preciso descansar. Já cancelei muitas visitas de pessoas que queriam me ver. Tanta gente, Mitch. Mas não estou exausto. Se não posso dar-lhes atenção, não posso ser útil a eles.

Olhei para o gravador, sentindo-me culpado, como se estivesse furtando o que restava do seu precioso tempo de fala.

– Que tal pararmos? Você não vai ficar muito cansado?

Ele fechou os olhos e balançou a cabeça. Parecia estar esperando que uma dor silenciosa passasse.

– Não – disse finalmente. – Eu e você temos que continuar. Você sabe que esta é a última tese que fazemos juntos.

Nossa última tese.

– Queremos que seja uma boa tese.

Pensei na primeira tese que fizemos juntos, na faculdade. A ideia foi de Morrie, naturalmente. Ele disse que eu estava em condições de escrever um trabalho que merecesse distinção – o que nunca passara pela minha cabeça.

Agora estávamos ali, fazendo de novo a mesma coisa. Partindo de uma ideia. Moribundo ensina a um homem sadio o que ele precisa saber. Dessa vez, eu não tinha pressa de acabar.

– Fizeram-me uma pergunta interessante ontem – disse Morrie olhando por cima do meu ombro para um quadro atrás de mim, uma tabuleta de mensagens que os amigos pregaram ali quando ele fez 70 anos. Cada espaço do quadro tinha uma mensagem diferente: FIRME NO LEME, O MELHOR ESTÁ POR VIR, MORRIE – SEMPRE O PRIMEIRO EM SAÚDE MENTAL.

– Qual foi a pergunta?
– Se me preocupa a possibilidade de ser esquecido depois de minha morte.
– Qual a resposta?
– Acho que não. Tenho muitas pessoas que se envolveram comigo de forma íntima. E é pelo amor que vivemos, mesmo depois de mortos.
– Parece letra de música: "Pelo amor vivemos..."
Ele riu.
– Pode ser. Mas... Mitch, todas essas conversas que temos tido... você alguma vez ouve a minha voz quando está em sua casa? Quando está sozinho? No avião? No carro?
– Ouço – admiti.
– Então, não vai me esquecer depois que eu morrer. É só pensar em minha voz, e eu estarei presente.
Pensar em sua voz.
– Se tiver vontade de chorar, não faça cerimônia.
Desde que eu era calouro, Morrie tentava me fazer chorar. "Um dia desses, eu vou pegar você de jeito", ele dizia.
"Vai sim", eu respondia.

– Já sei como vai ser o meu epitáfio – disse Morrie.
– Não quero saber de epitáfios.
– Por que não? Deixam você nervoso?
Dei de ombros.
– Então, vamos esquecer o epitáfio.
– Não, não. Diga como vai ser.
Ele estufou os lábios.
– Pensei numa coisa assim: Professor Até o Fim.
Esperou que eu refletisse sobre a frase.
Professor Até o Fim.

– Que tal?
– Bom. Muito bom.

Eu gostava do jeito com que Morrie se iluminava quando eu entrava na sala. Sei que fazia isso para muitas pessoas, mas ele tinha um talento especial para fazer cada visitante sentir que o sorriso era só para ele.

"Ah, é o meu amigão", dizia, ao me ver, com voz apagada. E não ficava nisso. Quando Morrie estava com alguém, entregava-se por inteiro. Olhava a pessoa nos olhos e a escutava como se ela fosse a única no mundo. Como seria melhor se o primeiro encontro do dia fosse assim, e não com o resmungo de uma garçonete, de um motorista de ônibus ou de um chefe.

– Gosto de estar inteiramente presente – disse Morrie. – Isso significa estar de fato *com* a pessoa que está diante de nós. Quando converso com você agora, Mitch, procuro me focalizar somente no que se passa entre nós. Não fico pensando no que dissemos na semana passada. Não fico pensando no que vai acontecer na sexta-feira. Não fico pensando em outro programa que vou fazer com Koppel, nem nos remédios que estou tomando. Estou conversando com você. Pensando em você.

Lembrei-me de que ele ensinava isso nas aulas de Processo de Trabalho em Grupo, na Brandeis. Na época, fiz pouco caso, achando que isso não era matéria de curso universitário. Aprender a prestar atenção? Que importância pode ter isso? Agora vejo que é mais importante do que quase tudo o que nos ensinaram na faculdade.

Morrie fez menção de pegar a minha mão. Dei-lhe a mão e senti uma onda de remorso. Ali estava um homem que, se quisesse, passaria todos os momentos de vigília se lastimando, procurando no corpo sinais de decadência, contando a respiração. Tantas pessoas, com problemas bem menores, são tão autocentradas que ficam com o olhar perdido se alguém fala com elas por mais de meio minuto. Elas já têm alguma outra coisa em mente – telefonar para um amigo, mandar um fax, um amante em quem estão pensando.

Só ficam atentas quando o outro acaba de falar, quando então murmuram "hã, hã", ou "é, tem razão" e fingem estar prestando atenção.

– Parte do problema, Mitch, é que todo mundo tem muita pressa – disse Morrie. – As pessoas não encontraram sentido na vida, por isso correm o tempo todo procurando-o. Pensam no novo carro, na nova casa, no novo emprego. Depois percebem que tudo isso também é vazio; e continuam correndo.

– Quando se começa a correr, é difícil reduzir o passo.

– Nem tanto – disse ele, sacudindo a cabeça. – Sabe como faço? Quando alguém quer me ultrapassar no trânsito, quero dizer, quando eu ainda dirigia, eu levanto a mão...

Tentou erguer a mão, não conseguiu.

– ... eu erguia a mão como se fosse fazer um gesto insultuoso, depois acenava e sorria. Em vez de fazer o gesto, deixe-os passar, e sorria. E sabe o que acontecia? Muitas vezes eles sorriam também. A verdade é que não preciso correr tanto em meu carro. Prefiro aplicar minha energia nas pessoas.

Ele fazia isso melhor do que ninguém. Quem conversava com ele via os seus olhos marejarem quando falava de coisas penosas, ou brilharem quando lhe contavam uma piada cabeluda. Estava sempre pronto a revelar a emoção que tanta falta faz à minha geração. Somos ótimos em conversa fiada. "O que é que você faz?" "Onde é que você mora?" Mas *ouvir de fato* alguém – sem querer vender-lhe algo, cooptá-lo ou obter dele alguma vantagem social –, onde encontramos isso hoje em dia? Acho que muitas pessoas que visitaram Morrie nos últimos meses de sua vida o fizeram não pela atenção que queriam dar a ele, mas pela atenção que *queriam* dele. Apesar de seu sofrimento, o velhinho as ouvia do jeito que elas queriam ser ouvidas.

Eu disse a ele que ele era o pai que qualquer pessoa gostaria de ter.

— Bom — disse ele de olhos fechados —, tenho alguma experiência nesse campo.

A última vez que Morrie viu seu pai foi no necrotério. Charlie Schwartz era um homem calado, gostava de ler o seu jornal sozinho ao pé de um poste de iluminação na avenida Tremont, no Bronx. Toda noite, quando Morrie era pequeno, Charlie saía para um passeio depois do jantar. Era um russo de baixa estatura, rosto corado e farta cabeleira grisalha. Morrie e seu irmão, David, olhavam pela janela e viam o pai encostado no poste. Morrie desejava que ele voltasse para casa e conversasse com ele e o irmão, mas raramente isso acontecia. O pai não costumava pô-los na cama, nem dar-lhes um beijo de boa-noite.

Morrie jurou que faria essas coisas com os filhos, se chegasse a tê-los. Anos mais tarde, quando os teve, fez.

Enquanto Morrie criava os seus filhos, Charlie continuava no Bronx. Ainda dava aqueles passeios noturnos. Ainda lia o jornal ao pé do poste. Uma noite, ele saiu depois do jantar. A poucas quadras de casa foi abordado por dois assaltantes.

— O dinheiro! — exigiu um, sacando uma arma.

Apavorado, Charlie jogou a carteira no chão e saiu correndo. Correu por várias ruas, até chegar aos degraus da casa de um parente, e caiu na entrada.

Ataque cardíaco.

Morreu naquela noite.

Morrie foi chamado para identificar o cadáver. Tomou um avião para Nova York e foi ao necrotério. Levaram-no ao porão, à câmera frigorífica onde ficam os cadáveres.

— É seu pai? — perguntou o funcionário.

Morrie olhou o cadáver atrás do vidro, o cadáver do homem que havia ralhado com ele, que o educara, que o havia ensinado a trabalhar, que ficava calado quando Morrie queria que ele falasse, que disse a Morrie para esquecer as lembranças da mãe quando ele queria compartilhá-las com o mundo. Ele confirmou com uma inclinação da cabeça e se afastou. O horror daquela sala, ele contou mais tarde, apagou dele todas as outras funções mentais. Só foi chorar dias depois.

Mas a morte do pai preparou Morrie para a sua própria morte. De uma coisa ele sabia: haveria muitos abraços, beijos, conversas, risos e todas as despedidas a que se tem direito. Tudo o que ele desejaria ter tido com seu pai e sua mãe.

Quando chegasse o momento final, Morrie queria todos os entes queridos à sua volta, sabendo o que estava acontecendo. Ninguém ia receber um telefonema, um telegrama, nem precisaria olhar através de uma vidraça num porão frio e lúgubre.

No noroeste do Amazonas existe uma tribo de índios chamados desanos, que concebem o mundo como uma quantidade fixa de energia que flui entre todas as criaturas. Cada nascimento deve portanto engendrar uma morte, e cada morte engendra outro nascimento. Assim, a energia do mundo mantém-se inteira.

Quando caçam para comer, os desanos sabem que os animais que abatem deixam um vácuo no mundo espiritual. Mas esse vácuo será preenchido, acreditam eles, pelas almas dos caçadores desanos quando morrem. Se ninguém morresse, nem pássaros nem peixes nasceriam. Gosto dessa concepção. Morrie também gosta. Quanto mais perto ele chega do adeus, mais pressente que somos todos criaturas de uma mesma floresta. O que tiramos, devemos repor.

– Nada mais justo – diz ele.

A décima terça-feira

Falamos de casamento

Levei uma visita para Morrie. Minha mulher.

Desde o primeiro dia do nosso reencontro, ele me perguntava: "Quando vou conhecer Janine? Quando é que você vai trazê-la?" Fui sempre dando desculpas, até o dia em que telefonei para saber como ele estava passando.

Morrie demorou algum tempo para chegar ao telefone. E, quando chegou, percebi que alguém aproximava o fone do ouvido dele. Ele não podia mais pegar e erguer o fone sozinho.

– Olá – disse ele ofegante.

– Como vai o meu treinador?

Ouvi a respiração dele.

– Mitch... o seu treinador... não está lá essas coisas.

Ele já não conseguia dormir. Precisava de oxigênio quase todas as noites, os acessos de tosse agora eram um tormento. Podiam durar uma hora, e ele nunca sabia se conseguiria parar. Ele sempre disse que morreria quando a doença alcançasse os pulmões. Estremeci ao pensar que a morte dele estava muito perto.

– Vou aí terça-feira – falei. – Até lá você vai estar melhor.

– Mitch.

– Diga.

– Sua mulher está aí?

– Ela está ao meu lado.

– Passe o telefone para ela. Quero ouvir a voz dela. Acontece que sou casado com uma mulher dotada de muito mais bondade intuitiva do que eu. Mesmo não conhecendo Morrie, ela pegou o telefone – eu teria sacudido a cabeça e dito "não estou, não estou" – e num instante já estava ligada com o meu velho professor como se fossem antigos colegas de universidade. Percebi isso, apesar de só ouvir "hã, hã... Mitch me disse... obrigada, obrigada...".

Quando desligou, ela disse:

– Na próxima vez, vou também.

Foi assim.

Estávamos no estúdio dele, cada um de um lado da espreguiçadeira. Morrie era um flertador inofensivo, segundo ele mesmo. Frequentemente parava para tossir, mas parecia encontrar novas reservas de energia com a presença de Janine. Olhou fotos de nosso casamento, levadas por ela.

– Você é de Detroit? – perguntou ele.

– Sou – disse Janine.

– Lecionei em Detroit por um ano, no fim da década de 1940. Tenho uma história engraçada a esse respeito.

Parou para assoar o nariz. Atrapalhou-se ao pegar o lenço de papel. Ajudei-o, ele assoou fracamente. Apertei o lenço com delicadeza contra o nariz dele, depois o retirei, como faz uma mãe com o filhinho.

– Obrigado, Mitch – disse, e olhou para Janine. – Meu ajudante. E que ajudante!

Janine sorriu.

– Voltando à história. Havia um bando de sociólogos na universidade, e jogávamos pôquer com outros professores, entre eles um cara que era cirurgião. Uma noite, depois do jogo, ele disse: "Morrie, quero ver você trabalhando." "Ótimo", eu disse. Então, ele foi a uma aula minha e ficou me olhando ensinar. Quando a aula terminou, ele disse: "Muito bem. Agora, que tal você me ver trabalhar? Vou operar esta noite." Para retribuir o favor, aceitei.

– Ele me levou ao hospital – continuou. – "Lave as mãos, ponha uma máscara, vista um jaleco", disse ele. Quando dei por mim, estava ao lado dele na mesa de operação. Na mesa, uma senhora, nua do busto para baixo. Ele pegou uma faca e foi cortando, zip, zip. Sem mais nem menos. Aí...

Morrie levantou um dedo e girou-o no ar.

– ... eu fui ficando assim. A ponto de desmaiar. Todo aquele sangue. Urgh! A enfermeira, ao meu lado, disse: "Algum problema, doutor?" Respondi: "Não sou doutor coisa nenhuma! *Quero sair daqui!*"

Eu e Janine rimos, Morrie riu também, com o máximo de espontaneidade, considerando-se as suas limitações respiratórias. Era a primeira vez em muitas semanas que eu o ouvia contar uma história assim. "Que estranho", pensei, "o homem que quase desmaiou um dia, só de ver a doença de outra pessoa, agora suportava com bravura a sua."

Connie bateu à porta e avisou que o almoço estava pronto. Não eram a sopa de cenoura, os bolinhos de legumes e a pasta grega que eu havia levado aquela manhã do mercado. Eu agora procurava as comidas mais fáceis de mastigar e engolir, e mesmo assim elas ficavam acima da capacidade de Morrie. Ele já estava comendo quase só alimentos líquidos. Charlotte transformava quase tudo em purê de baixa consistência. Ele era alimentado por um canudo. Eu ainda fazia compras toda semana e chegava com as sacolas para mostrar a Morrie, porém era mais para ver a expressão do rosto dele. Quando eu abria a geladeira, havia uma grande quantidade de embalagens de comida. Acho que no fundo esperava que um dia ele voltasse a comer um almoço de verdade em minha companhia, eu olhando o seu jeito desmazelado de falar mastigando, fragmentos de comida pulando alegremente da boca. Era uma esperança absurda.

— Sabe... Janine — disse Morrie. Ela sorriu. — Você é linda. Me dê a mão.

Ela deu-lhe a mão.

— Mitch me disse que você é cantora profissional.

Janine confirmou.

— Uma grande cantora.

— Oh, não — disse ela, rindo. — Isso é ele quem diz.

Morrie ergueu as sobrancelhas.

— Pode cantar alguma coisa para mim?

Estou habituado a ouvir alguém fazer esse pedido a Janine desde que a conheço. Quando as pessoas ficam sabendo que alguém ganha a vida cantando, sempre lhe pedem que cante alguma coisa. Reservada quanto ao seu talento e perfeccionista quanto a condições, Janine nunca atende a esses pedidos. Recusa-se delicadamente. Era o que eu esperava agora.

Mas ela começou a cantar:

> "*The very thought of you*
> *and I forget to do*
> *the little ordinary things everyone ought to do...*"[2]

Era um sucesso dos anos 1930, de autoria de Ray Noble, que Janine cantou docemente, olhando para Morrie. Mais uma vez, fiquei pasmo com a capacidade que Morrie tinha de extrair emoção de pessoas que em geral a bloqueiam. Ele fechou os

---

[2] "*Só de pensar em você,*
esqueço de fazer
aquelas pequeninas coisas que
toda gente precisa fazer." (N. do T.)

olhos para absorver a música. À medida que a bela voz de minha mulher enchia o ambiente, um sorriso ia crescendo no rosto de Morrie. E, se o corpo dele era inerme como um saco de areia, quase se podia vê-lo dançando por dentro.

> *"I see your face in every flower,*
> *your eyes in stars above,*
> *it's just the thought of you,*
> *the very thought of you,*
> *my love..."*[3]

Quando ela terminou, Morrie abriu os olhos e as lágrimas rolaram por seu rosto. Durante todos os anos em que ouvi minha mulher cantar, nunca a tinha ouvido como cantou para Morrie.

Casamento. Quase todos os meus conhecidos tinham problemas nessa esfera. Alguns tinham dificuldade para entrar, outros, para sair. Minha geração encarava o assunto como se fosse um crocodilo saído de algum pântano. Habituei-me a ir a casamentos, cumprimentar os noivos e ficar um tanto surpreso quando via o marido poucos anos depois em um restaurante em companhia de uma mulher mais jovem, que ele me apresentava como uma amiga. "Já me separei de fulana", acrescentava.

Por que temos tais problemas? Perguntei isso a Morrie. Tendo levado sete anos para pedir Janine em casamento, fiquei me

---

[3] *"Vejo o seu rosto em cada flor,*
seus olhos nas estrelas do alto,
só de pensar em você,
só de pensar em você,
meu amor..." (N. do T.)

indagando se as pessoas de minha geração não estariam sendo mais cuidadosas do que as que vieram antes, ou quem sabe mais egoístas?

– Bem, tenho pena de sua geração – ele disse. – Nesta cultura é muito importante estabelecer uma relação amorosa com alguém, porque de um modo geral a cultura não nos dá isso. Mas a rapaziada de hoje ou é muito egoísta para entrar numa relação amorosa verdadeira, ou corre para o casamento e seis meses depois se divorcia. Eles não sabem o que querem em um parceiro. Nem sabem quem eles são. E, sendo assim, como podem saber com quem estão se casando?

Deu um suspiro. Em seus anos de professorado, ele foi conselheiro de muitos amantes infelizes.

– É triste, porque é muito importante amar alguém e ser amado. É fácil compreender isso, principalmente numa fase como esta em que estou, com uma deficiência de saúde. É ótimo ter amigos, mas os amigos não estarão aqui numa noite em que tusso muito e não durmo e preciso de alguém para ficar ao meu lado, me dar força e me prestar ajuda.

Charlotte e Morrie, que se conheceram quando estudantes, estavam casados há 44 anos. Eu os observo agora, quando ela lembra a ele a hora de tomar remédios, ou acaricia-lhe o pescoço, ou fala sobre um dos filhos. Trabalharam como uma equipe, muitas vezes não precisando mais do que de um olhar silencioso para compreender o que o outro pensava. Charlotte é uma pessoa particular, própria, diferente de Morrie, mas sei quanto ele a respeita. Às vezes, quando conversávamos, ele dizia "Charlotte pode não gostar se eu revelar isso" e encerrava a conversa. Eram as únicas ocasiões em que ele se fechava.

– Uma coisa aprendi sobre o casamento – disse ele. – É como se nos submetêssemos a um teste. Descobrimos quem somos, quem a outra pessoa é e como nos entrosamos ou não.

– Existe algum processo para saber se um casamento vai dar certo?
– As coisas não são simples assim, Mitch – respondeu ele, sorrindo.
– Eu sei.
– Mesmo assim, há algumas normas aplicáveis a amor e casamento: se não respeitarmos a outra pessoa, vamos ter muitos problemas. Se não soubermos ceder aqui e ali, vamos ter muitos problemas. Se não conseguirmos falar abertamente sobre o que está acontecendo entre os dois, vamos ter muitos problemas. E, se não tivermos um conjunto de valores em comum com a outra pessoa, vamos ter muitos problemas. Os valores devem ser semelhantes. Sabe qual é o mais importante desses valores, Mitch?
– Diga.
– Acreditar na *importância* do seu casamento.
Respirou fundo e fechou os olhos por um instante.
– Pessoalmente – suspirou com os olhos ainda fechados –, considero o casamento uma coisa muito importante, e quem não o tentar não sabe o que está perdendo.
Encerrou o assunto citando o poema que tinha na conta de uma prece: "Amem-se ou pereçam."

– *Muito bem, tenho uma pergunta – digo a Morrie. Os dedos descarnados seguram os óculos caídos no peito, que se enche e murcha a cada respiração dificultosa.*
– *Faça a pergunta.*
– *Lembra-se do Livro de Jó?*
– *Da Bíblia?*
– *É. Jó é um homem bom, mas Deus o faz sofrer. Para testar-lhe a fé.*

– Me lembro.
– Tira-lhe tudo o que tem, casa, dinheiro, família...
– Saúde.
– Adoece-o.
– Para testar-lhe a fé.
– Isso. Para testar-lhe a fé. Fico imaginando...
– Imaginando o quê?
– O que é que você acha disso?

Morrie tosse violentamente. As mãos trêmulas caem para os lados.

– Acho que Deus exagerou – diz, sorrindo.

A décima primeira terça-feira

Falamos de nossa cultura

– Bata com força.
Bati nas costas de Morrie.
– Mais forte.
Bati mais uma vez.
– Perto do ombro... mais embaixo.
Vestindo a calça de pijama, Morrie estava deitado de lado na cama, a cabeça entregue ao travesseiro, a boca aberta. A fisioterapeuta me ensinava como soltar o catarro dos pulmões, o que agora precisava ser feito regularmente para que a secreção não se solidificasse, para que ele pudesse respirar.
– Eu sempre soube... que você... queria me bater – disse ele ofegante.
– É – respondi, batendo com os punhos nas costas branquelas dele. – Esta é por aquela nota sofrível que você me deu no segundo ano – mais uma batida.
Todos rimos, aquele riso nervoso que vem quando o demônio ronda por perto. A cena teria sido divertida, não fosse ela o que sabíamos que era, a última sessão de fisioterapia antes da morte. A doença de Morrie aproximava-se perigosamente do baluarte final, os pulmões. Ele previra que ia morrer sufocado, e eu não podia imaginar morte pior. Às vezes, ele fechava os olhos e ten-

tava puxar o ar pela boca e pelas narinas, e era como se estivesse querendo levantar uma âncora, tal o esforço.

Lá fora era tempo para agasalho, começo de outubro, folhas caídas se amontoando nos gramados de West Newton. A fisioterapeuta de Morrie chegou mais cedo, e eu geralmente me afastava quando enfermeiras e especialistas vinham tratar dele. Mas, com o passar das semanas e o esgotamento do nosso tempo, eu vinha ficando menos acanhado. Queria estar perto. Queria ver tudo. Não era do meu feitio; mas também não eram do meu gênero muitas coisas que vinham acontecendo na casa de Morrie nos últimos meses.

Assim, fiquei olhando a terapeuta trabalhar com Morrie na cama, batendo-lhe nas costelas, perguntando se ele sentia a congestão se soltando lá dentro. Finalmente, ela fez uma pausa e perguntou se eu queria dar uma ajuda. Eu disse que sim. Com o rosto no travesseiro, Morrie ensaiou um sorriso.

– Não ponha muita força – disse ele. – Sou um homem idoso.

Bati nas costas e nos flancos, como a terapeuta me instruíra. Não me agradava ver Morrie na cama em qualquer circunstância (o último aforismo que ele fez ressoava em meus ouvidos: "Quando estamos na cama, estamos como mortos"). Encolhido de lado, ele parecia tão pequeno, tão mirrado, parecia mais um menino do que um homem. Vi a palidez da pele, os cabelos brancos desalinhados, os braços caídos, inertes. Pensei no tempo que dedicamos a modelar nosso corpo, levantando pesos, fazendo flexões, e no fim a natureza sai vencedora. Sob os dedos, eu sentia a flacidez da carne em volta dos ossos, e batia forte, como fora instruído. *Estou batendo nas costas dele, quando gostaria de estar batendo na parede* – pensei.

– Mitch – disse ele com um suspiro e voz entrecortada, enquanto eu lhe batia nas costas.

– Hem?

– Quando foi... que lhe dei... uma nota baixa?

Morrie acreditava na bondade inerente das pessoas. Mas também sabia em que as pessoas podem se transformar.

– As pessoas só ficam mesquinhas quando ameaçadas – disse nesse mesmo dia – e isso é consequência da nossa cultura. Consequência da nossa economia. Até os que têm trabalho em nossa economia estão ameaçados, porque receiam perder o emprego. E, quando estamos ameaçados, passamos a nos preocupar só com nós mesmos. Passamos a fazer do dinheiro um deus. É da cultura – ele expirou. – Por isso é que não entro no jogo.

Concordei e apertei-lhe a mão. Ultimamente nos dávamos as mãos com frequência. Foi outra mudança ocorrida comigo. Circunstâncias que antes me deixavam encabulado, ou constrangido, agora eram naturais. A bolsa do cateter, ligada ao tubo dentro de Morrie e contendo um dejeto líquido esverdeado, estava ao meu pé perto da cadeira dele. Meses antes isso teria me enojado, agora não tinha a menor importância. Como não tinha importância o odor da sala depois que Morrie usava o vaso sanitário. Ele não podia se dar ao luxo de se movimentar de um lugar para outro, de fechar a porta do banheiro quando entrava, de borrifar um desodorizante quando saía. Tinha a cama, tinha a cadeira, e isso era a sua vida. Se a minha vida ficasse reduzida a esse dedalzinho, duvido que conseguisse dar-lhe um cheiro melhor.

– Aí é que entra a minha ideia de formarmos a nossa própria pequena subcultura – disse Morrie. – Isso não quer dizer que se deva desprezar as normas da comunidade. Por exemplo, eu não saio nu pelas ruas. Não atravesso sinais vermelhos. Posso obedecer a normas menores. Mas as coisas grandes, como o que pensamos, o que valorizamos, isso precisamos escolher. Não podemos deixar que ninguém, que nenhuma sociedade, decida isso por nós.

– A minha situação, por exemplo – disse ele. – As coisas que deviam me constranger agora, não poder andar, não poder limpar a bunda, acordar certos dias com vontade de chorar, não há nada visceralmente embaraçoso nem vergonhoso nisso. O mesmo se aplica às mulheres que não são esbeltas como gostariam, ou aos homens que não são tão ricos como desejariam. É o que a nossa cultura quer que você acredite. Não acredite.

Perguntei-lhe por que ele não se mudou para algum outro lugar quando era jovem.

– Para onde?

– Não sei. América do Sul, Nova Guiné. Algum país não tão egoísta como o nosso.

– Toda sociedade tem seus problemas – disse Morrie, erguendo as sobrancelhas. – A solução não é fugir. Precisamos trabalhar para criar a nossa própria cultura. Não importa onde vivamos, o maior problema do ser humano é a miopia intelectual. Não enxergamos o que podemos ser. Devíamos atentar para o nosso potencial e nos esforçar por alcançar tudo o que podemos ser. Mas, quando se vive cercado de pessoas que dizem "quero o meu agora", acaba-se tendo pouca gente possuindo tudo e uma organização militar para impedir os pobres de se levantarem e roubarem.

Morrie olhou por cima dos meus ombros para a janela lá atrás. Às vezes, ouvíamos o barulho de um caminhão ou um assovio de vento. Ele contemplou por um instante a casa do vizinho e continuou.

– O problema, Mitch, é não acreditarmos que os seres humanos são muito parecidos. Brancos e negros, católicos e protestantes, homens e mulheres. Se olhássemos uns para os outros como iguais, talvez sentíssemos o desejo de nos unirmos, formando uma grande família humana no mundo, e nos dedicarmos a essa família como nos dedicamos à nossa família particular. Mas

quando se está morrendo vê-se quanto isso é verdadeiro. Todos temos o mesmo começo, o nascimento, e o mesmo fim, a morte. Assim, onde ficam as grandes diferenças?
– Investir na família humana – continuou. – Investir em gente. Formar uma pequena comunidade com aqueles que amamos e que nos amam.
Apertou a minha mão suavemente. Apertei a dele com mais força. E, como naquela disputa de parque de diversões em que se desfecha uma marretada e fica-se olhando o disco subir pelo poste, quase senti minha temperatura subir pelo peito, pelo pescoço, pelo rosto, até os olhos de Morrie. Ele sorriu.
– No começo da vida, quando somos criancinhas, precisamos de outros para viver, certo? E no fim da vida, quando chegamos ao estado em que cheguei, precisamos de outros para viver, certo?
A voz dele reduziu-se a um murmúrio.
– Mas o segredo é que, entre a infância e o fim, também precisamos de outros.

Mais no fim da tarde, eu e Connie fomos para o quarto de dormir acompanhar o veredicto do caso O. J. Simpson. Foi um momento de tensão quando os personagens se voltaram para o júri – Simpson, vestido de azul-marinho, cercado pela sua equipe de advogados; a pouca distância, os promotores que o queriam ver atrás das grades. Quando o primeiro jurado leu o veredicto – "inocente" –, Connie estremeceu.
– Nossa mãe!
Ficamos olhando Simpson abraçar os advogados. Ouvimos os comentaristas tentando explicar o significado de tudo aquilo, vimos multidões de negros comemorando nas ruas e grupos de brancos sentados em restaurantes, pasmos. A decisão estava sendo considerada momentosa, mesmo levando-se em conta

que assassinatos acontecem todos os dias. Connie saiu para o corredor. Para ela bastava.

Ouvi alguém fechando a porta do estúdio de Morrie. Fiquei estatelado olhando a televisão. *O mundo inteiro está vendo isto*, pensei. Aí, pelos ruídos vindos do outro quarto, percebi que estavam tirando Morrie da cadeira, e sorri. Enquanto "O Julgamento do Século" atingia seu dramático desfecho, o meu velho professor sentava-se no vaso sanitário.

O ano é 1979. Há um jogo de basquete no ginásio da Brandeis. O time vai muito bem, e a torcida estudantil começa a cantar: "Somos o Número Um! Somos o Número Um!" Morrie está sentado por perto, intrigado com os aplausos. A certa altura, em meio a "Somos o Número Um!", ele se levanta e grita: "Que mal faz ser o número dois?"

Os estudantes olham-no. Param de cantar. Ele senta-se de novo, sorrindo, triunfante.

O audiovisual, terceira parte

A equipe do *Nightline* voltou para a sua terceira e última visita. Agora, o teor do programa seria diferente: menos o de entrevista e mais o de uma despedida. Ted Koppel ligara várias vezes perguntando a Morrie se ele aguentaria.

Morrie não tinha certeza.

– Agora estou sempre cansado, Ted. E engasgando muito. Se eu não conseguir falar alguma coisa, você fala por mim?

Koppel concordou. Depois, o âncora, normalmente estoico, acrescentou:

– Se não quiser fazer o programa, Morrie, tudo bem. Mas de qualquer forma irei para uma despedida.

Mais tarde, Morrie deu um sorriso moleque e disse:

– Estou dobrando ele...

E estava. Koppel já se referia a ele como "amigo". O meu velho professor conquistara a simpatia da mídia televisiva.

Para a entrevista, que foi feita numa tarde de sexta-feira, Morrie usava a mesma camisa do dia anterior. Nessa altura, ele só mudava de camisa dia sim, dia não, e, não sendo a sexta-feira dia de mudar, ele não quis alterar a rotina.

Diferentemente dos dois programas anteriores, esse foi feito todo no estúdio de Morrie, onde ele se tornara prisioneiro da cadeira de rodas. Koppel, que beijara o meu velho professor na primeira vez que o viu, agora teve de espremer-se contra a estante para ser apanhado pela câmera. Antes de começarem, indagou sobre a progressão da doença.

– Está difícil demais agora, Morrie?

Morrie ergueu com dificuldade a mão até o meio do ventre. Mais do que isso não conseguia. Essa foi sua resposta.

A câmera foi ligada para a terceira e última entrevista. Koppel perguntou se ele tinha mais medo agora que a morte estava mais perto. Morrie respondeu que não; que, para dizer a verdade, sentia menos medo. Disse que estava se soltando do mundo exterior, quase não ouvia mais a leitura do jornal, quase não dava mais atenção à correspondência; mas ouvia mais música e olhava pela janela as folhas mudarem de cor.

Ele sabia que havia mais pessoas sofrendo da mesma doença que ele, entre elas algumas pessoas famosas, como Stephen Hawking, físico brilhante e autor de *Uma breve história do tempo*. Vivia com um orifício na garganta, falava por um sintetizador computadorizado, datilografava piscando os olhos para um sensor que captava os movimentos.

Isso era admirável, mas Morrie não queria viver assim. Disse a Koppel que sabia quando ia chegar a hora de dizer adeus.

– Para mim, Ted, viver significa poder ser responsável pelo outro. Significa poder revelar minhas emoções e meus sentimentos. Falar com os outros. Sentir com os outros. – Respirou fundo.

– Quando isso acabar, Morrie acabou.

Conversaram como amigos. Como fizera nas duas entrevistas anteriores, Koppel indagou sobre "a prova de limpar a bunda", talvez esperando uma resposta bem-humorada. Porém, Morrie estava muito cansado até para sorrir. Sacudiu a cabeça e disse:

– Quando me sento no vaso, não posso mais ficar ereto. Cambaleio o tempo todo, alguém precisa me segurar. Quando acabo, alguém precisa me limpar. Até a esse ponto cheguei.

Disse a Koppel que queria morrer com serenidade. E citou o seu último aforismo: "Não ir tão cedo, mas não se agarrar por muito tempo."

Koppel ouviu-o com ar triste. Apenas seis meses haviam se passado desde o primeiro programa, porém agora Morrie Schwartz era uma forma desabada. Definhara diante de um público nacional de televisão, uma minissérie sobre uma morte. Mas, enquanto o corpo mirrava, o caráter adquiria mais brilho.

Pelo fim da entrevista, a câmera fez um close de Morrie – Koppel ficou fora do quadro, só a sua voz era ouvida – e o âncora perguntou se o meu velho professor queria dizer alguma coisa aos milhões de pessoas que haviam se comovido com a sua história. Embora o sentido da pergunta fosse outro, pensei em um condenado a quem se pede as derradeiras palavras.

– Sejam solidários – sussurrou Morrie. – E responsáveis uns pelos outros. Se fizéssemos isso, o mundo seria bem melhor.

Respirou fundo e acrescentou o seu mantra: "Amem-se uns aos outros ou pereçam."

A entrevista terminou. Mas, não sei por que motivo, o câmera deixou o filme rodando e uma cena final foi captada.

– Você esteve muito bem – disse Koppel.

Morrie deu um leve sorriso.

– Dei-lhe o que eu tinha – murmurou.

– Você sempre fez isso.

– Essa doença está mexendo com meu espírito, Ted. Mas não vai derrubá-lo. Derruba meu corpo, mas *não* meu espírito.

Koppel estava prestes a chorar.

– Você esteve muito bem. Você semeou o bem.

– Acha? – Morrie voltou os olhos para o teto. – Estou em negociações com Ele lá em cima. Tenho perguntado a Ele se vou me tornar um anjo.

Foi a primeira vez que Morrie admitiu que falava com Deus.

A décima segunda terça-feira

Falamos de perdão

– Perdoe a si mesmo antes de morrer. Depois, perdoe os outros.

Isso foi poucos dias depois da entrevista ao *Nightline*. O céu era chuvoso e escuro, Morrie estava debaixo de um cobertor. Sentei-me na extremidade da sua cadeira e fiquei segurando-lhe os pés nus. Eram calosos e franzidos, as unhas, amareladas. Espremi um pouco de creme nas mãos e comecei a massagear-lhe os tornozelos.

Era mais um trabalho que eu tinha visto as enfermeiras fazerem durante meses, e agora, numa tentativa de agarrar o que ainda pudesse dele, ofereci-me para fazer a massagem. A doença havia lhe tirado a capacidade até de mexer os dedos dos pés, porém ele ainda sentia dor, e as massagens a aliviavam. E também Morrie gostava de ser tocado e alisado. Nessa altura, tudo o que pudesse fazer para dar-lhe conforto eu ia fazer.

– Mitch – disse ele, retomando o assunto do perdão. – Não tem sentido ficar curtindo vingança ou teimosia. Dessas coisas – suspirou –, dessas coisas eu me arrependo na vida. Orgulho. Vaidade. Por que fazemos o que fazemos?

A minha pergunta era sobre a importância do perdão. Eu tinha visto aqueles filmes em que o patriarca da família, no leito de morte, chama o filho com quem rompera para fazer as pazes antes de partir. Teria Morrie algum sentimento semelhante no seu íntimo, uma necessidade súbita de dizer "sinto muito" antes de morrer?

Ele confirmou.

– Está vendo aquela escultura?

Inclinou a cabeça na direção de um busto que ficava numa estante na extremidade do escritório. Eu nunca tinha prestado atenção nesse busto. Era o rosto em bronze de um homem de seus 40 e tantos anos, de gravata, uma mecha de cabelo caída na testa.

– Sou eu. Um amigo fez essa escultura há uns trinta anos. Chamava-se Norman. Passávamos muito tempo juntos. Nadávamos, íamos a Nova York. Levou-me à sua casa em Cambridge e fez esse busto de mim. Levou semanas nesse trabalho, porque queria fazê-lo bem-feito.

Examinei o rosto. Que estranho ver um Morrie tridimensional, saudável, jovem, olhando-nos conversar agora. Mesmo no bronze ele tinha um ar inteligente, e pensei que Norman captara um pouco do espírito também.

– Agora, a parte triste da história – disse Morrie. – Norman e a mulher mudaram-se para Chicago. Pouco depois, minha mulher, Charlotte, precisou fazer uma cirurgia delicada. Norman e a mulher nunca entraram em contato conosco. Sei que eles souberam da cirurgia de Charlotte. Eu e ela ficamos muito sentidos por eles nunca terem sequer telefonado para saber como ela estava passando. Assim, cortamos relações.

– Com o passar dos anos – disse ele –, encontrei Norman algumas vezes e ele sempre tentava a reconciliação, mas eu não aceitava. A explicação dele não me satisfazia. Orgulhoso, virava-lhe as costas.

A voz dele ficou embargada.

– Mitch... há poucos anos... ele morreu de câncer. Fico tão triste. Nunca fui vê-lo. Nunca o perdoei. Isso me dói tanto...

Chorou de novo, um choro manso, contido; e, como a cabeça estava recostada, as lágrimas escorriam pelos lados do rosto.
– Sinto muito – falei.
– Não é preciso – murmurou ele. – Chorar faz bem.
Continuei passando creme nos dedos inertes. Ele chorou durante alguns minutos, sozinho com as suas recordações.
– Não é só aos outros que precisamos perdoar – disse por fim.
– Precisamos nos perdoar também.
– A nós também?
– É. Pelo que não fizemos. Por tudo o que devíamos ter feito. Não devemos ficar presos ao remorso do que não aconteceu quando devia acontecer. Isso de nada adianta a uma pessoa que chega ao estado em que cheguei.
– Sempre desejei ter feito mais em meu trabalho – prosseguiu –; queria ter escrito mais livros. Eu me recriminava por essa falha. Agora, vejo que isso não me fez nenhum bem. Paz. Precisamos fazer as pazes conosco e com os que nos cercam.

Inclinei-me e enxuguei suas lágrimas. Ele fechava e abria os olhos. A respiração era audível, um ronco brando.
– Perdoe a si mesmo. Perdoe os outros. Não espere, Mitch. Nem todo mundo tem o tempo que estou tendo. Nem todo mundo tem a minha sorte.

Joguei o lenço de papel no cesto e voltei aos pés de Morrie. Sorte? Apertei com o polegar a carne endurecida e ele nada sentiu.
– A tensão dos opostos, Mitch. Lembra-se? Forças que atuam em direções diferentes.

Eu me lembrava.
– Lamento o meu tempo que se extingue, mas aprecio a oportunidade que ele me dá de fazer acertos.

Ficamos ali calados por um tempo, enquanto a chuva salpicava os vidros das janelas. O hibisco atrás da cabeça de Morrie resistia bem, pequenino mas firme.

– Mitch? – murmurou ele.
– Sim – eu friccionava os dedos dos pés dele, absorto.
– Olhe para mim.
Levantei os olhos e vi a intensidade do seu olhar.
– Não sei por que você voltou para mim. Mas quero lhe dizer uma coisa...
Fez uma pausa, depois do que a sua voz saiu embargada.
– Se eu pudesse ter tido outro filho, gostaria que fosse você.
Baixei os olhos e voltei a massagear o tecido inerte dos pés dele. Por um momento, senti medo, como se a aceitação das palavras do meu velho professor significasse de certa forma trair o meu pai. Mas, quando ergui os olhos, vi o sorriso de Morrie entre lágrimas e compreendi que num momento como este não pode haver traição.
Eu só tinha medo era de dizer adeus.

– Já escolhi o lugar onde vou ser enterrado.
– Onde é?
– Perto daqui. Em uma colina, debaixo de uma árvore, com vista para um laguinho. Lugar sereno. Bom para pensar.
– Pretende pensar quando estiver lá?
– Pretendo ser enterrado lá.
Sorri. Ele sorriu.
– Vai me visitar lá?
– Visitar?
– Só chegar e conversar. De preferência numa terça-feira. Você sempre me visita às terças-feiras.
– Somos terça-feirinos.
– Certo. Terça-feirinos. Então, você vai?
Ele estava decaindo rapidamente.
– Olhe para mim – pediu.

– Estou olhando.
– Vai visitar o meu túmulo? Contar-me os seus problemas?
– Meus problemas?
– É.
– E você vai me dar respostas?
– Darei o que puder. Não tem sido assim?

Imagino o túmulo numa colina, com vista para o lago, sete palmos de terra onde vão depositá-lo, cobri-lo de terra, colocar uma pedra por cima. Talvez daqui a umas semanas? Daqui a poucos dias? Imagino-me sentado lá, com os braços em torno dos joelhos, olhando o espaço.

– Mas não vai ser a mesma coisa, não vou ouvir você falar.
– Ah, falar...

Fecha os olhos e sorri.

– Vamos combinar assim. Depois que eu morrer, você fala. Eu escuto.

A décima terceira terça-feira

Falamos do conceito de dia perfeito

Morrie queria ser cremado. Discutiu o assunto com Charlotte e os dois concluíram que assim seria melhor. O rabino de Brandeis, Al Axelrad, amigo de longa data escolhido para as exéquias, visitou Morrie e ouviu dele os planos para a cremação.

– E... Al.
– Sim?
– Não deixe que me torrem demais.

O rabino ficou sem graça. Mas Morrie fazia piadas até sobre o seu cadáver. Quanto mais perto do fim, mais via o corpo como mera casca, simples envoltório da alma. Esse corpo estava se transformando em pele inútil e ossos, o que facilitava as coisas.

– Temos tanto medo da visão da morte – disse Morrie quando me sentei. Ajustei o microfone no colarinho dele, mas o microfone não parava no lugar. Morrie tossia muito. Agora, tossia o tempo todo.

– Li um livro há pouco. Diz o autor que, logo que morre alguém num hospital, cobrem-lhe a cabeça com um lençol, levam-no a um plano inclinado e o soltam ali. Têm pressa de tirar o cadáver da frente. As pessoas agem como se a morte fosse contagiosa.

Eu ainda estava atrapalhado com o microfone. Morrie olhou para as minhas mãos.

– A morte não é contagiosa. É natural como a vida. Faz parte do contrato.

Ele tossiu, eu recuei e fiquei esperando, sempre preparado para alguma coisa séria. Ele vinha passando mal as noites. Noites apavorantes. Dormia poucas horas e era acordado por violentos ataques de tosse. As enfermeiras acudiam e batiam-lhe nas costas para soltar o catarro. Mesmo se conseguiam restabelecer a respiração normal – "normal" quer dizer com auxílio da máquina de oxigênio –, o embate o deixava fatigado durante todo o dia seguinte.

Agora, ele estava com o tubo de oxigênio no nariz. Eu não gostava de vê-lo assim. Para mim era o símbolo da incapacidade. Minha vontade era puxar aquele tubo.

– A noite passada – disse ele em voz baixa – tive um acesso terrível. Durou horas. Achei que não ia aguentar mais. Faltou-me fôlego. O sufoco parecia não acabar. Em dado momento fui ficando zonzo... e, quando senti uma certa paz, achei que estava pronto para partir.

Arregalou os olhos.

– Foi uma sensação incrível, Mitch. Sensação de aceitação do que ia acontecer, de estar em paz. Pensei em um sonho que tive semana passada. Eu atravessava uma ponte para o desconhecido. Sentia-me preparado para entrar no que viesse a seguir. Mas ainda não era a hora.

Morrie fez uma pausa. Sacudiu a cabeça.

– Não, não era. Mas senti-me preparado. Está entendendo? Isso é o que todos queremos. Uma certa paz associada à ideia de morrer. Se pudermos saber no fim que podemos ter essa paz com a morte, aí conseguimos finalmente alcançar o mais difícil.

– Que vem a ser?

– Fazer as pazes com a vida.

Pediu para ver o hibisco no peitoril atrás dele. Peguei o vaso da

planta com as duas mãos e o levei para a frente dos seus olhos. Ele sorriu.
— Morrer é natural — disse mais uma vez. — Se fazemos disso um cavalo de batalha é porque não nos consideramos como parte da natureza. Pensamos que, por sermos humanos, estamos acima da natureza.
Sorriu para a planta.
— Não estamos. Tudo o que nasce morre. — Olhou para mim. — Aceita isso?
— Aceito.
— Ótimo — murmurou. — Agora, veja a recompensa. Veja em que *somos* diferentes desses maravilhosos animais e plantas. Enquanto pudermos amar uns aos outros, e recordarmos a sensação de amor que tivemos, podemos morrer sem desaparecer. Todo o amor que criamos fica. Todas as lembranças ficam. Continuamos vivendo. No coração daqueles que tocamos e acalentamos enquanto estivemos aqui.

A voz ficou rouquenha, sinal de que ele precisava descansar por um tempo. Repus a planta no peitoril e fui desligar o gravador. Mas, enquanto ele ainda estava ligado, Morrie disse isto:
— A morte é o fim de uma vida, mas não de um relacionamento.

Houve uma novidade no tratamento da ELA: uma droga experimental que estava surtindo algum efeito. Não era a cura, era um retardamento da marcha da doença por alguns meses. Morrie teve notícia disso, mas a doença dele estava muito avançada. Além do mais, o medicamento ainda não estava no mercado.
— Não é para mim — disse ele encerrando o assunto.
Durante toda a sua doença, ele nunca acalentou esperança de cura. Era muito realista. Perguntei-lhe uma vez se, num passe de mágica, alguém o curasse, ele voltaria a ser a pessoa de antes.

Ele sacudiu a cabeça.

– De jeito nenhum. Agora sou outra pessoa. Sou diferente em minhas atitudes. Sou diferente na apreciação do meu corpo, no que antes eu era descuidado. Sou diferente na abordagem das grandes questões, das questões essenciais, aquelas que são permanentes. – Isso porque, quando seguramos de fato as questões importantes, não podemos mais largá-las.

– E quais são essas questões importantes?

– A meu ver, são as que dizem respeito ao amor, à responsabilidade, espiritualidade, sensibilidade. Se eu fosse saudável hoje, essas seriam ainda as minhas preocupações. Deveriam ter sido sempre.

Tentei imaginá-lo sadio. Imaginá-lo afastando as cobertas que o cobriam, saindo da cadeira de rodas, nós dois dando um passeio pelas imediações, como fazíamos no campus. De repente, percebi que fazia dezesseis anos que eu não o via em pé. Dezesseis anos?

– E se você tivesse um dia inteiro de perfeita saúde? – perguntei. – O que faria?

– Vinte e quatro horas?

– Vinte e quatro horas.

– Deixe ver... eu me levantaria de manhã, faria os meus exercícios, tomaria uma bela refeição de brioches e chá, nadaria por alguns minutos, receberia meus amigos para um bom almoço. Eu os receberia em grupos de dois ou três para falarmos de suas famílias, de seus problemas, falar do que representamos uns para os outros.

– Depois – continuou – daria um passeio por um jardim com árvores, contemplaria as cores, olharia os pássaros, absorveria a natureza que não vejo há tanto tempo. À noite, iríamos todos a um restaurante onde servissem uma boa massa, talvez um pato... eu adoro pato... depois dançaríamos o resto da noite. Eu dançaria com todos os presentes, até ficar exausto. Depois viria para casa e dormiria um sono profundo e tranquilo.

– Esse seria o seu programa.

– Sem tirar nem pôr.

Tão simples. Tão banal. Fiquei um pouco desapontado. Pensei que ele tomaria um avião para a Itália, ou iria almoçar com o presidente, ou correria pela praia, ou sairia para divertimentos exóticos. Depois de todos esses meses encerrado em casa e na cadeira, incapaz de mexer uma perna ou um pé – como poderia encontrar perfeição num programa tão simples?

Depois, compreendi que esse era justamente o ponto.

Nesse dia, antes de me despedir, Morrie perguntou se *ele* podia propor um tema.

– O seu irmão.

Senti um arrepio. Como foi que Morrie descobriu que isso estava em minha mente? Há semanas eu vinha tentando telefonar para o meu irmão na Espanha e fiquei sabendo – por um amigo dele – que ele vivia indo e vindo de Amsterdã, onde se tratava em um hospital.

– Mitch, sei que é doloroso não poder estar com uma pessoa a quem se ama. Mas você precisa ficar em paz com os desejos dele. Talvez ele não queira que você interrompa as suas atividades. Talvez ele não esteja conseguindo administrar esse problema. Peço a todos os meus conhecidos que continuem vivendo suas vidas; que não a prejudiquem por eu estar morrendo.

– Mas é meu irmão.

– Eu sei. Por isso é que dói.

Lembrei-me de Peter aos 8 anos, o cabelo louro anelado molhado de suor. Vi nós dois lutando no pátio perto de casa, a umidade da grama empapando os joelhos de nossas calças.

Vi Peter cantando na frente do espelho, usando a escova como microfone, e nos vi entrando pela porta estreita do sótão onde nos escondíamos quando crianças, testando o empenho de nossos pais em nos achar para o jantar.

Depois o vi como o adulto que se afastou, magro e fraco, o rosto descarnado pela quimioterapia.

– Por que ele não quer me ver, Morrie?

O meu velho professor suspirou:

– Não existem fórmulas para relacionamentos. Eles precisam ser negociados em clima de amor, com espaço para ambas as partes, para o que querem e o que necessitam, para o que podem fazer, levando em conta a vida de cada um.

– No comércio, as pessoas negociam para ganhar – prosseguiu. – Para alcançar o que desejam. Talvez você esteja muito habituado a isso. O amor é diferente. O amor existe quando estamos tão preocupados com a situação do outro como estamos com a nossa.

– Você viveu esses momentos especiais com o seu irmão e não tem mais o que teve com ele – disse Morrie. – Quer recuperar esses momentos. Não quer que eles acabem. Mas isso faz parte da condição humana. Acaba, renova, acaba, renova.

Olhei para ele. Vi toda a morte que acontece no mundo. Senti-me impotente.

– Você vai achar o caminho para o seu irmão – disse Morrie.

– Como sabe?

Ele sorriu e respondeu:

– Você não me achou?

– *Ouvi uma historinha linda outro dia* – *diz Morrie.* – *Fecha os olhos por um momento e eu espero.*

– *É a história de uma ondazinha saltitando no oceano*

– ele diz –, divertindo-se a valer. Está apreciando o vento e o ar fresco... até que dá com as outras ondas na frente, arrebentando-se na praia. "Meu Deus, que coisa horrível!", diz a ondazinha. "É isso que vai acontecer comigo!"
 – Aí chega outra onda – continua. – Vê a primeira, que está triste, e pergunta: "Por que está triste?"
 – "Você não está entendendo", diz a primeira onda. "Vamos todas arrebentar! Nós todas vamos acabar em nada! Não é horrível?" Responde a segunda onda: "Não, você é que não está entendendo. Você não é uma onda, você é parte do oceano."
 Sorrio. Morrie torna a fechar os olhos.
 – Parte do oceano – diz. – Parte do oceano.
 Fico olhando a respiração dele, inspirando, expirando, inspirando, expirando.

A décima quarta terça-feira

A despedida

Estava frio e úmido quando subi os degraus da casa de Morrie. Fui observando pequenos detalhes, coisas que não tinha notado nas visitas anteriores. O corte do morro. A fachada de pedra da casa. As plantas floridas, os arbustos. Ia devagar, pisando nas folhas secas molhadas que se achatavam sob meus pés.

Charlotte telefonara no dia anterior comunicando que Morrie "não estava bem". Era a maneira de ela dizer que os últimos dias haviam chegado. Morrie cancelara todos os compromissos e passara a maior parte do tempo dormindo, o que não era habitual. Não se preocupava com sono quando havia pessoas com quem conversar.

– Ele quer que você venha, Mitch – dissera Charlotte.
– Mas...
– Sim?
– Está muito fraco.

Os degraus da varanda. O vidro da porta da frente. Eu ia absorvendo essas coisas atentamente, devagar, como se as visse pela primeira vez. Na mochila pendurada ao ombro ia o gravador; abri-a para verificar se tinha fitas. Não sei por que fiz isso. Eu sempre tinha fitas.

Connie abriu a porta. Normalmente expansiva, agora estava

de cenho carregado. O cumprimento que me deu foi apenas murmurado.

– Como está ele? – perguntei.

– Nada bem. – Mordeu o lábio inferior. – Nem quero pensar. Um homem tão doce.

– Eu sabia.

– É muito triste.

Charlotte veio do corredor e me abraçou. Disse que Morrie ainda dormia – eram 10 da manhã. Fomos para a cozinha. Ajudei-a a arrumar as coisas, notei os vidros de comprimidos, muitos, enfileirados na mesa, pequeno exército de soldados de plástico pardos com bonés brancos. O meu velho professor estava tomando morfina para facilitar a respiração.

Guardei na geladeira a comida que havia levado – sopa, torta de legumes, salada de atum. Desculpei-me com Charlotte por ter levado essas coisas. Há meses Morrie não mastigava comida assim, eu e ela sabíamos, mas tinha virado tradição. Às vezes, quando estamos perdendo alguém, nos agarramos a qualquer tradição ao alcance.

Esperei na sala, onde Morrie e Koppel tinham feito a primeira entrevista. Li o jornal que estava sobre a mesa. Duas crianças em Minnesota mataram-se uma à outra brincando com as armas do pai. Um bebê foi encontrado num latão de lixo num beco de Los Angeles.

Larguei o jornal e fiquei olhando a lareira vazia. Bati o pé de leve no assoalho. Finalmente, ouvi uma porta se abrir e se fechar, e logo os passos de Charlotte vindo pelo corredor.

– Pode vir, ele está pronto para receber você.

Levantei-me e segui para o nosso recanto de costume – e dei com uma mulher estranha sentada em uma cadeira de dobrar no fim do corredor, os olhos enfiados num livro, as pernas cruzadas. Era uma freira enfermeira, da equipe 24 horas.

O estúdio estava vazio, e me senti confuso. Voltei hesitante ao quarto – e lá estava ele na cama, debaixo do lençol. Eu só o tinha visto assim uma vez – quando recebia massagens – e o eco do seu aforismo "quando deitamos morremos" repercutiu em minha cabeça.

Entrei, forcei um sorriso. Ele usava paletó de pijama amarelo, tinha um cobertor cobrindo-o do peito para baixo. O volume do corpo era tão reduzido que achei que faltava alguma coisa. O meu velho professor estava pequenino como uma criança.

Ele estava de boca aberta, a pele pálida esticada sobre os ossos do rosto. Quando virou os olhos para mim, quis falar, mas só ouvi um leve grunhido.

– E aí... – eu disse, juntando todo o entusiasmo que pude encontrar.

Ele expirou. Fechou os olhos. Sorriu. Parece que só o esforço o cansou.

– Meu... querido amigo... – murmurou.

– Sou seu amigo, sim.

– Não estou... nada bem hoje...

– Amanhã estará melhor.

Ele sorveu o ar e forçou uma inclinação de cabeça. Alguma coisa sob o lençol o incomodava. Percebi que ele queria livrar as mãos da cobertura do lençol.

– Pegue... – disse.

Puxei as cobertas para baixo e peguei os dedos dele – que sumiram dentro dos meus. Inclinei-me bem para ele, ficando a poucos centímetros do seu rosto. Era a primeira vez que o via de barba apontando, como se alguém tivesse sacudido um saleiro por todo o rosto e o queixo. Como podia haver vida nessa barba, quando a vida estava se acabando em todo o resto?

– Morrie – sussurrei.

– Treinador – ele corrigiu.

– Treinador. – Senti um arrepio. Ele falava entrecortado, inspirando o ar e exalando as palavras. A voz era fina e áspera. Ele cheirava a unguento.

– Você... é uma boa alma. Uma boa alma.

– Tocou-me... – murmurou. Levou minhas mãos ao coração. – Bem aqui.

Senti um nó na garganta.

– Treinador?

– Diga.

– Não sei como me despedir.

Acariciou minha mão de leve, conservando-a no peito.

– É assim... que dizemos... adeus.

Respirou fracamente, inalando, exalando, eu sentia a caixa torácica enchendo-se e se esvaziando. De repente, olhou para mim.

– Amo... você – murmurou bem baixinho.

– Também amo você, Treinador.

– Sei... você sabe... outra coisa mais...

– O que mais você sabe?

– Você... sempre tem...

Os olhos se amiudaram, e ele chorou, o rosto contorcido como o de uma criança que ainda não entendeu como funciona o mecanismo das lágrimas. Segurei-o bem perto por vários minutos. Afaguei-lhe a pele flácida. Alisei-lhe o cabelo. Pus a palma da mão no rosto dele e senti os ossos sob a pele, as pequeninas gotas de lágrima como se espremidas de um conta-gotas.

Quando a respiração se aproximou do normal novamente, pigarreei, disse que ele estava cansado e que eu voltaria na terça seguinte, quando esperava encontrá-lo um pouco mais alerta, obrigado. Ele fez um ruído que interpretei como intenção de riso. Mesmo assim, foi um ruído triste.

Peguei a mochila com o gravador que não fora usado. Por que trouxe isto? Sabia que não seria utilizado. Inclinei-me bem perto de meu velho professor e o beijei, meu rosto encostado no dele, pele contra pele, nisso demorando mais do que o normal, esperando dar-lhe mais um átimo de prazer.

– Então estamos entendidos? – perguntei, me afastando.

Tentei conter as lágrimas. Ele estalou os lábios e ergueu as sobrancelhas ao ver o meu rosto. Gosto de pensar que foi um momento fugaz de alegria para o meu querido velho professor: finalmente ele me fazia chorar.

– Entendidos – murmurou.

Formatura

Morrie morreu numa manhã de sábado.

A família próxima estava com ele. Rob veio de Tóquio – precisava dar um beijo de despedida no pai – e Jon estava presente, e naturalmente Charlotte, e sua prima Marsha, que fizera o poema que tanto emocionara Morrie em seu "serviço fúnebre" informal, o poema que o comparava a uma "delicada sequoia". Dormiam em turnos em volta de Morrie. Ele entrara em coma dois dias depois da minha última visita, e o médico disse que ele poderia morrer a qualquer momento. Porém ele resistiu por mais uma tarde difícil e uma noite tenebrosa.

Finalmente, no dia 4 de novembro, quando as pessoas que ele amava deixaram o quarto por um instante – para engolir um café na cozinha, a primeira vez que ele ficou sozinho depois de entrar em coma –, Morrie parou de respirar.

E se foi.

Acredito que ele tenha morrido assim de propósito. Acredito que ele não queria grandes emoções, que ninguém presenciasse o seu último suspiro e vivesse perseguido por isso, como ele fora perseguido pelo telegrama comunicando a morte da mãe e pelo cadáver do pai no necrotério.

Acho que ele sabia que estava em sua cama, que os seus livros, os seus apontamentos, o seu pequeno hibisco estavam perto. Queria partir serenamente, e assim partiu.

O funeral foi realizado numa manhã úmida e ventosa. A grama molhada, o céu da cor de leite. Ficamos ao lado da cova no chão, bem perto, para ouvir a água do lago batendo na margem e ver os patos sacudindo as penas.

Centenas de pessoas quiseram assistir, mas Charlotte não queria muita gente, só uns poucos amigos íntimos e parentes. O rabino Axelrad leu alguns poemas. O irmão de Morrie, David, que ainda mancava por causa da poliomielite da infância, ergueu a pá e jogou terra na cova, como manda a tradição.

A certa altura, corri o olhar pelo cemitério. Morrie tinha razão. Era mesmo um lugar agradável, árvores, gramado e uma suave colina.

"*Você fala, eu escuto*", dissera ele.

Tentei fazer isso mentalmente, e para minha alegria achei que a conversa imaginária fluiu de maneira natural. Olhei as minhas mãos, olhei o relógio e compreendi por quê.

Era terça-feira.

"Meu pai caminhava por entre eles e nós,
cantando cada nova folha caída de cada árvore
(e toda criança sabia que a primavera
dançava quando ouvia meu pai cantar)..."

— POEMA DE E. E. CUMMINGS
lido por Rob, filho de Morrie,
no serviço fúnebre

149

Conclusão

Às vezes, rememoro a pessoa que eu era antes de redescobrir o meu velho professor. Quero falar com essa pessoa, quero lhe dizer o que procurar na vida, que erros evitar. Quero dizer-lhe que seja mais aberta, que ignore o brilho dos valores veiculados pela propaganda, que preste atenção quando seus entes queridos falarem, como se fosse a última vez que os ouvisse.

Acima de tudo, quero dizer a essa pessoa que tome um avião e visite um velhinho simpático em West Newton, Massachusetts, mais cedo do que tarde, antes que ele adoeça e perca a capacidade de dançar.

Sei que não posso fazer isso. Não podemos desfazer o que fizemos nem reviver a vida que já passou. Mas, se o professor Morrie Schwartz me ensinou alguma coisa, foi que não existe uma entidade chamada "tarde demais" na vida. Ele mudou sempre, até o dia de partir.

Pouco depois da morte de Morrie, entrei em contato com meu irmão na Espanha. Conversamos muito. Eu disse que respeitava o seu distanciamento e só queria manter contato – no presente, não só no passado – e conservá-lo em minha vida o máximo que ele permitisse.

– Você é o meu único irmão – falei. – Não quero perdê-lo. Amo você.

Foi a primeira vez que lhe disse isso.

Dias depois, recebi um fax em casa. A caligrafia era esparramada, a pontuação descuidada, tudo em maiúsculas, bem no jeito de meu irmão.
"OI, CONSEGUI CHEGAR AOS ANOS NOVENTA!", começava a mensagem. Contou uns casos, falou do que andara fazendo na semana, contou umas piadas. Despediu-se assim:
"ESTOU COM AZIA E DIARREIA – QUE PUTA DE VIDA.
CONVERSAMOS DEPOIS?
[ASSINADO] DENTE INFLAMADO."
Chorei de tanto rir.

Este livro foi quase todo ideia de Morrie. Chamava-o de nossa "tese final". Como acontece com os melhores projetos de trabalho, ele nos aproximou mais, e o meu velho professor ficou satisfeitíssimo quando uma editora demonstrou interesse em publicá-lo. O adiantamento ajudou a pagar as vultosas contas médicas, pelo que ficamos agradecidos os dois.

A propósito, o título nos ocorreu um dia no escritório de Morrie. Ele gostava de dar nome às coisas. Mas, quando perguntei: que tal *Tuesdays with Morrie* (Terças-feiras com Morrie)? – ele sorriu e corou ao mesmo tempo, e percebi que este seria o título.

Depois da morte dele, remexi em velhas caixas de material escolar. E descobri um trabalho que eu havia feito para um de seus cursos. Esse trabalho já contava vinte anos. Na primeira página, os comentários que escrevi a lápis para Morrie, e embaixo os comentários dele em resposta.

Os meus começavam assim: "Querido Treinador..."
Os dele: "Querido Jogador..."
Quanto mais leio isso, mais sinto falta dele.

Quem já teve um professor de verdade? Um professor que vê um aluno como material bruto mas precioso, uma joia que, com perícia, pode ser polida e brilhar? Se você tiver a sorte de encontrar professores assim, sempre achará o caminho de volta. Às vezes, esse caminho está só na sua cabeça. Outras vezes está na beira da cama deles.

O último curso da vida do meu velho professor foi dado, uma vez por semana, na casa dele, perto de uma janela do escritório onde ele via um pequenino hibisco abrir suas flores rosadas. As aulas eram às terças-feiras. Não havia livros. O tema era o sentido da vida. O curso era baseado na experiência.

A lição continua.

Posfácio

Um sonzinho triste então ouvi,
E algum tempo entre os túmulos permaneci:
"Por que", disse eu, "tanta angústia, meus amigos,
Se do mal-estar da vida estão protegidos?"

THOMAS HARDY, "Aqueles a serem esquecidos"

Eu realmente fui ao túmulo de Morrie.
    Na verdade, fiz isso muitas vezes. A princípio, para cumprir minha promessa. Depois, para manter os laços. Às vezes, as pessoas se desgastam ao visitar os mortos. Mas eu já perdera o contato com meu antigo professor enquanto ele estava aqui.
    Não faria o mesmo depois que ele se foi.
    Minha visita mais recente foi apenas uma semana antes de escrever estas palavras, publicadas no 20º aniversário deste livro. Era início de outono, época do retorno dos alunos, das jaquetas com capuz e das folhas coloridas que brilham à medida que morrem. Muitas daquelas folhas cobriam a grama molhada do cemitério Newton quando percorri a rota familiar até a pequena lápide que leva o nome de Morrie.
    Quando me ajoelhei, notei as datas na lápide e tremi.
    Agora eu estava mais próximo da idade de Morrie do que da minha quando compartilhávamos nossas terças-feiras.

– Oi, treinador – falei, a voz, como sempre, envergonhada ao iniciar essas conversas. – Como estão as coisas por aí?...

Ao olhar de novo as páginas deste livro, vejo que encurtei o relato completo da conversa específica em que Morrie me pediu que visitasse seu túmulo. Quando tocou no assunto pela primeira vez, eu lhe disse que planejava vir de qualquer forma. Ele deu um sorriso perspicaz.
– Não do jeito que alguns vêm – resmungou. – Não deixe o carro ligado, saia, ponha flores e volte... Venha quando tiver tempo. Traga um cobertor.
Um cobertor?
– Uns sanduíches.
Sanduíches?
– E converse comigo. Sobre a vida. Sobre seus problemas. Você pode me contar quem está na World Series.
Ri e impliquei com ele. Quem estende um cobertor no meio de um cemitério, come um sanduíche e conversa com o ar?
– Vão me prender. – Acho que fiz essa brincadeira.
Mas, conforme envelheço, sei o motivo para ele ter falado isso. Sei por que era tão importante que se certificasse de que eu iria aparecer, do jeito que os bons professores fazem.
Percebo, duas décadas depois dos fatos narrados aqui, que, lá no fundo, não era a morte que realmente perturbava Morrie.
Era a possibilidade de ser esquecido.

Quanto a isso, acontece que ele não precisava se preocupar. Meu antigo professor ficou mais conhecido após o seu falecimento do que quando estava conosco. Desde a publicação deste livro, em 1997, sua história ganhou as salas de aula, as livrarias, os palcos e até as telas de cinema.

Mas acredito que o que Morrie mais queria era permanecer vibrante no coração e na mente da família e dos amigos. E, duas décadas depois de ter partido, com certeza ele permanece.
E quanto a nós?

O poema de Thomas Hardy que inicia este texto é uma pequena estrofe marcante sobre um homem que ouve vozes sob os túmulos, vozes que lamentam a "segunda morte", quando a lembrança da alma sepultada se desfaz em nada e o esquecimento está à espera.

Quando eu estava escrevendo o livro *Tenha um pouco de fé*, o rabino Albert Lewis me perguntou por quanto tempo ele seria lembrado. Parecia uma preocupação desnecessária; ele possuía muitos admiradores na comunidade. Mas, com gentileza, o rabino me pressionou a pensar.

Seus filhos sem dúvida se lembrariam dele. Os netos também. Mas e os bisnetos? Talvez por fotos. E os filhos dos bisnetos? Bom, pergunte a si mesmo: você sabe o nome de seus tataravós?

A verdade é que, sem deixar alguma marca na história, poucos de nós podemos esperar ser lembrados de modo significativo além de duas ou três gerações. Como, então, ter esperança de continuar vivendo? Como a morte pode dar fim a uma vida, mas não a um relacionamento, como costumava dizer meu velho professor?

Como Morrie – nem rico, nem famoso, nem um nome conhecido enquanto vivia – consegue isso?

Acho que sei a resposta.

Às vezes, nas terças-feiras, outras pessoas visitavam meu velho professor. E o faziam nos dias em que eu não estava agendado. Com o tempo, notei um padrão. Muitos que iam decididos a animar Morrie ficavam uma hora em sua sala e saíam em prantos. Mas não choravam pelo triste destino do professor. Choravam pelo emprego *deles*, o divórcio *deles*, os problemas *deles*.

– Entrei querendo alegrá-lo – diziam uns –, mas ele logo me perguntou sobre meus problemas. Eu contei, e ele seguiu perguntando; no fim das contas, contei tudo e depois comecei a chorar...

– Entrei para consolá-lo, mas acabei sendo consolado *por* ele – confessavam outros.

Por fim, certa terça-feira, confrontei Morrie.

– Não entendo – falei. – Se alguém já conquistou o direito a dizer "Não vamos falar de seus problemas, vamos falar dos meus", esse alguém é você. Você está doente. É uma doença muito difícil. Por que simplesmente não aceita a solidariedade das pessoas?

Morrie ergueu a sobrancelha, como se a resposta fosse óbvia.

– Mitch, por que eu faria isso? Receber só me faz sentir que estou morrendo. Doar me faz sentir que estou vivendo.

Doar me faz sentir que estou vivendo.

Essa é uma frase profunda.

E muito verdadeira. Porque sabemos que o contrário é falso. Receber nunca faz com que nos sintamos vivos. Pode ser a base do comércio, do marketing, dos negócios, mas sabemos o que Morrie disse sobre "não comprar a cultura". Ter um carro novo, um terno novo, uma TV nova: nada disso fará você se sentir vivo. É uma emoção temporária que some depressa quando o cheiro de novo (ou a garantia) expira.

Morrie entendia isso. É o motivo pelo qual muitas de suas posses podiam ser descritas como "modelo antigo". Ele investia em outra coisa: doar-se. Em algum momento, durante seus instantes finais, ele considerou que isso era sua imortalidade.

Doar é viver.

E posso afirmar, tantos anos depois da primeira publicação, que essa é a maior mensagem deste livro, uma pergunta que os leitores me fazem com frequência. Claro que os outros pensamentos e aforismos amorosos são essenciais nos ensinamentos de Morrie.

Mas "doar é viver" é mais do que algo que Morrie disse; essa foi sua filosofia, sua razão de ser, talvez até seu segredo.

Pelo menos, era um segredo para mim até o momento em que suas lições enfim se entranharam, como o pigmento que permeia lentamente o tecido. Depois que ele morreu, por causa de sua insistência, me envolvi mais com minha comunidade, com a caridade, trabalhando com os pobres ou desprivilegiados. Por fim, isso me levou ao Haiti, administrando um orfanato e visitando-o todo mês. E isso me conduziu, quase exatamente vinte anos depois de minha primeira terça-feira com Morrie, a uma menininha que, com 5 anos, apresentou de repente um tumor maligno no cérebro.

E, mais uma vez, alguém de quem eu cuidava e que visitava com frequência recebia a sentença de morte. Só que, dessa vez, eu era o mais velho; ela, a mais jovem, e não havia mais ninguém para se intrometer.

Por isso, trouxe-a para morar conosco nos Estados Unidos.

Foi o começo, na melhor tradição de Morrie, de algo de que nunca suspeitei: eu me tornar professor. De repente, as lições que ele transmitiu nas terças-feiras que passamos juntos tiveram de ser repetidas, não só ao meu íntimo, mas a outro ser humano, uma criança pequena e preciosa. Janine e eu estávamos decididos a lhe dar a vida mais rica que o tempo e a medicina permitissem e lhe ensinar tudo o que verdadeiramente importa. Enquanto ela está conosco, dormindo num colchãozinho junto à nossa cama, doar-me a ela se tornou minha obsessão, o maior consumo de meu tempo.

E nunca me senti tão vivo.

Foi o que contei a Morrie durante minha visita mais recente a seu túmulo. Doar é viver. Treinador, você estava certíssimo.

Penso nele dizendo: "Serei o velho mais saudável que você já viu." Eu também costumava dizer isso. Mas agora sei que não podemos contar com essas coisas. O sangue, a genética, o DNA e os acidentes futuros estão todos além do alcance de nossas declarações – aos 5 ou aos 78 anos.

O que está a nosso alcance é o que Morrie dizia o tempo todo. Um dia. Uma olhada no passarinho sobre o ombro. Uma pergunta: "Hoje é o dia em que vou morrer?" E uma boa resposta no dia em que o passarinho disser: "É."

É doando que continuamos a viver, por um dia ou, por meio de outros, por gerações. É revelador que Morrie nunca tenha lido uma palavra deste livro e, ainda assim, alcance tanta gente. Por quê? Porque ele doou. Usou um tempo de seus últimos dias para doar a um estudante perdido, e alguém leu sobre isso e doou a alguém que doou a alguém, e agora veja como seu público cresceu – para um homem que não está mais aqui para ensinar.

Eu visito seu túmulo. Você, ao ler estas páginas, visita a sala de aula dele. E estamos ligados – não como ondas, mas como parte do oceano – por um homem baixinho de cabelos grisalhos que, ao tocar nosso coração, continua vivo. Não consigo pensar num legado melhor para meu velho professor. Espero que, onde quer que ele esteja agora, isso o faça sorrir.

Mitch Albom

Agradecimentos

Quero agradecer às pessoas que me ajudaram a escrever este livro. Por suas lembranças, paciência e orientação, sou grato a Charlotte, Rob e Jonathan Schwartz; a Maurie Stein, Charlie Derber, Gordie Fellman, David Schwartz, rabino Al Axelrad; e à legião de amigos e colegas de Morrie. Agradeço especialmente a Bill Thomas, meu editor, por ter conduzido com o equilíbrio necessário o projeto deste livro. E, sempre, o meu reconhecimento a David Black, que acredita em mim mais do que eu mesmo.

E, como não podia deixar de ser, meus agradecimentos a Morrie, por ter querido fazer comigo esta última tese. Quem já teve um professor como esse?

CONHEÇA OS LIVROS DE MITCH ALBOM

Ficção

As cinco pessoas que você encontra no céu
A próxima pessoa que você encontra no céu
As cordas mágicas
O primeiro telefonema do céu
O guardião do tempo
Por mais um dia

Não ficção

A última grande lição
Tenha um pouco de fé
Um milagre chamado Chika

Para saber mais sobre os títulos e autores da Editora Sextante,
visite o nosso site e siga as nossas redes sociais.
Além de informações sobre os próximos lançamentos,
você terá acesso a conteúdos exclusivos
e poderá participar de promoções e sorteios.

sextante.com.br